Bernet, Schweiz mit dem Zug erleben

Titelbild: Michael Hafenrichter

CIP-Einheitsaufnahme
Schweiz mit dem Zug erleben:
Informationen, Bahn-Routen und die
99 schönsten Bahn-Destinationen /
Ralph Bernet/Roger Haueter – 1. Auflage
München: GeraMond Verlag, 1999
ISBN 3-932785-71-1
NE: Ralph Bernet/Roger Haueter

Die Ratschläge, Bilder und Routenvorschläge in diesem Buch sind vom Autor und Verlag sorgfältig erwogen und geprüft worden, dennoch kann eine Garantie nicht übernommen werden. Die Reise nach diesen Vorschlägen erfolgt auf eigene Gefahr. Eine Haftung des Autors bzw. des Verlages und seiner Beauftragten für Personen-, Sach- und Vermögensschäden aller Art, die aus den im Buch gemachten Hinweisen resultieren, ist ausgeschlossen.

ISBN 3-932785-71-1

1. Auflage 1999

Herausgeber der Reihe: Helmut Mochel
Mitarbeiter Bild- und Textredaktion: Ralph Bernet, Cornelia Cadotsch, Vally Gohl, Roger Haueter, Manuela Frei, Heinz Sigrist, Beat Bruhin und Bruno Hitz

Gestaltung, Layout und Produktion: Edition Lan AG
Printed in Italy by Printer Trento s.r.l.

Ralph Bernet

Schweiz
mit dem Zug erleben

Informationen, Bahnrouten und
die 99 schönsten Bahn-Destinationen

Herausgegeben von
Helmut Mochel

GeraMond

Liebe Leserinnen und Leser

Die Schweiz gilt auf der ganzen Welt als eines der interessantesten Länder. Welcher Staat hat schon auf so kleiner Fläche so viele Gegensätzlichkeiten aufzuweisen? Keine 30 km Luftlinie liegen zwischen den Palmen im Puschlav und den ewigen Eisfeldern am Berninapass. Der Zug benötigt für die Distanz knapp 90 Minuten. Vier Landessprachen machen die Kommunikation im 41 293 km^2 grossen Alpenland nicht gerade einfach. Doch halt, die Schweiz besteht nicht nur aus Bergen. Das Mittelland ist flach und zieht sich vom Genfer See bis zum Bodensee quer durch die Eidgenossenschaft. Gegen Nord grenzt der Jura mit seinen sanften Hügelzügen ans Mittelland, im Süden erheben sich die bis weit über 4000 m hohen Alpen.
Der Verkehr in der Schweiz erfordert teure Kunstbauten, sowohl bei den Strassen wie auch bei der Bahn. So wundert es niemand, dass hierzulande das Tunnelfieber grassiert. Das erste 64 m lange Loch wurde bereits 1707 in den Chilchstock im Kanton Uri geschlagen. Seither sind die Eidgenossen offenbar nicht mehr zu bremsen. Es mag penibel klingen, die Länge aller Schweizer Tunnels zu addieren, zumal nur teilweise verlässliche Zahlen darüber bestehen. 1996 gab es in der Schweiz 381 km Bahntunnels und 378 km unterirdische Strassen. Die Wasserkraftwerke haben weitere 1000 km Stollen und Tunnels in den Fels gesprengt, die zu geheimnisvollen unterirdischen Seen führen. Die Armee schweigt sich über die riesigen Abmessungen ihrer rund 900 unterirdischen Festungswerke, das sogenannte „Reduit" aus.
Die in den schmalen Alpentälern kleinräumige Landschaft erforderte oft spezielle Lösungen. Geld war nicht viel vorhanden, und so entstanden überall unabhängige Meterspurbahnen, die in ihrer Vielfalt, Farbigkeit und Streckenführung in der Welt ihresgleichen suchen. Nichts ist hier wie anderswo. Für viele Ausländer ist die Schweiz eine riesige Modelleisenbahn. Schweizer Gebirgsszenen sind denn auch beliebte Anlagensujets.

FOTO: FRANZ EBERHARD

Doch nicht nur Bahnfans reisen gerne in die Schweiz. Wegen den guten Verbindungen (meist fährt jede Stunde ein Zug zum gewünschten Reiseziel) und den günstigen Tarifen sind die Züge ein beliebtes und attraktives Verkehrsmittel. Die Schweizer gehören sogar zu den fleissigsten Bahnfahrern Europas!

Ich wünsche allen interessierten Schweiz-Reisenden viel Spass bei der Lektüre und bei allen späteren Reisen durch das faszinierende Eisenbahnland Schweiz.

Ronald Gohl

Inhaltsverzeichnis

1.

Das Eisenbahnsystem der Schweiz

Lastprobe mit drei Dampfloks auf der Rohrbachfallbrücke bei Wassen.

„Die Bahn pfeift und alles rennt“

Über 150 Jahre Schweizer Bahnen

1997 war ein denkwürdiges Jahr für die Schweizer Bahnen. Am 7. August 1947 dampfte zum ersten Mal in der Geschichte ein Schweizer Zug. Man hatte also allen Grund, das 150-jährige Bestehen gebührend zu feiern. Von den Schweizerischen Bundesbahnen wurde das Ereignis nach allen Regeln der Wettbewerbskunst vermarktet. „Sponsoring“ hiess das Zauberwort. Anlässlich der „MEGA“-Anlässe durfte nur verkaufen, wer zuvor seinen Obolus in Form einer fünf- bis sechsstelligen Summe abgeliefert hatte. Fast überkam einem dabei das Gefühl, die SBB feierten ihr eigenes Jubiläum. Doch diese wurde erst im Jahre 1902 gegründet, bei Redaktionsschluss also nicht einmal hundertjährig. Vorher war das Schienennetz ganz in der Hand der Privatbahnen. Misswirtschaft, Verschuldung und Überkapazitäten führten schliesslich dazu, dass ein grosser Teil des Schweizer Eisenbahnnetzes um die Jahrhundertwende verstaatlich wurde. Zwar begingen auch zahlreiche private Bahnunternehmen das Jubiläum „150 Jahre Schweizer Bahnen“ – doch viele hatten nicht die Mittel, um einen gross angelegten Anlass auf die Beine zu stellen.
„Die Bahn pfeift und alles rennt“, kommentierte der Tagesanzeiger etwas spöttisch und nicht gerade sehr eisenbahnfreundlich den MEGA-Anlass von St. Gallen. Doch wo sich Heerscharen von bis zu 180 000 Besucher einfinden, scheint auch wirklich was los zu sein. Für die SBB war das Jubeljahr jedenfalls ein voller Erfolg.
Das Jubiläum wurde viel beachtet und ging dank den Anstrengungen der Bundesbahnen als *der* Anlass des Jahres in die Geschichte ein.
Im Vergleich zu den Nachbarländern begann das Eisenbahnzeitalter in der Schweiz relativ spät. Ein Grund dafür liegt sicherlich in den ungünstigen topografischen Bedingungen, ein weiterer in Finanzierungsproblemen. Der Hauptgrund dürfte jedoch in dem extremen

Föderalismus der Eidgenossenschaft bis zur Gründung des Bundesstaates im Jahre 1848, aber auch noch danach zu suchen sein.
Eigentlich ist auch gar nicht das Jahr 1847 der Beginn des Eisenbahnzeitalters in der Schweiz. Bereits zwei Jahre zuvor, nämlich am 11. Dezember 1845 fuhr der erste Zug im Land. Er dampfte von Frankreich nach Basel, wo er in den ersten internationalen Bahnhof der Schweiz einfuhr. Die Tore des Kopfbahnhofs wurden übrigens nachts geschlossen, denn sie bildeten ein Bestandteil der damals noch existierenden Stadtmauer.
Anfänglich begegnete die Bevölkerung noch mit grosser Skepsis dem neuen Verkehrsmittel. Deutsche Ärzte warnten vor der hohen Geschwindigkeit von bis zu 40 km/h und der Rauchbelästigung. Sie behaupteten, die Fahrgäste würden dabei in eine Art Delirium fallen. Doch nicht nur die Deutschen, auch die Schweizer schlugen die Warnungen in den Wind und bauten ihr Eisenbahnnetz aus. Überall schossen wie Pilze Privatbahngesellschaften aus dem Boden. Viele glaubten damit ein Vermögen verdienen zu können. Die industrielle Revolution heizte auch das Eisenbahnfieber an.
Von 1852 bis 1872 war der Bau und Betrieb von Eisenbahnen den Kantonen überlassen, von 1873 bis 1902 lag die Eisenbahnhoheit beim Bund. Viele wichtige Ereignisse wie der Bau des Simplontunnels, der Rhätischen Bahn oder das Erscheinen der ersten elektrischen Lokomotive fielen in die überaus bewegte Zeit zwischen 1887 und 1936.
Nach dem Zweiten Weltkrieg folgte der grosse Aufschwung. Die meisten Strecken waren gebaut, nun ging es an die vollständige Elektrifizierung. Dampflokomotiven verschwanden von der Bildfläche – das letzte planmässige SBB-Dampfross fuhr übrigens am 30. November 1968. Die Bundesbahnen, wie so oft dem Neuen gegenüber skeptisch, stiegen erst spät in die elektrische

FOTO: ARCHIV SCHWEIZER VERKEHRSAUS

Bahnhofstimmung in den zwanziger Jahren: Basel mit Glasbedachung.

Traktion ein, nachdem sich bei den Privatbahnen – die eigentlichen Wegbereiter der Elektrifizierung des Bahnnetzes in der Schweiz – das Fahren mit Strom bereits erfolgreich etabliert hatte. Das erste elektrische Tram nahm bereits

Gegensätze: Dampflok Ec 3/4 Nr. 6399, 1862 für die Jura-Simplon-Bahn gebaut und der InterCity-Neigezug (ICN), ab 1999 am Jurasüdfuss im Einsatz.

Foto: Archiv Schweizer Verkehrshaus (oben), Foto-Service SBB (unten)

1888 den Betrieb auf, die SBB bestellten hingegen zwischen 1913 und 1917 noch eine Serie von fabrikneuen Dampfloks. Als letzte Strecke wurde die Monte Generoso-Zahnradbahn elektrifiziert. Sie erhielt ihren Fahrdraht erst 1984, vorher fauchten bzw. brummten Dampf- und Dieselloks den Berg hinauf. Die neue Bahn hielt schliesslich mit neuen Farben Einzug. SBB und Privat-

TIPP

Die Lokomotive atmet einen giftigen Rauch aus, welcher die Atmosphäre verpestet, welcher Vögel tötet und Menschen krank macht. Der Himmel wird durch den Rauch verfinstert, daß die Sonne nicht mehr hindurch scheinen kann. Die in der Nähe der Bahn befindlichen Häuser werden durch die Funken aus dem Schornstein der Lokomotive in Brand gesteckt. – Die Hühner können nicht mehr fressen, die Landwirtschaft muß aufhören zu sein, da es keine Pferde mehr geben wird, um das Heu zu fressen. Die Reisenden selbst sind jeden Augenblick höchsten Gefahren ausgesetzt, der explodierende Kessel muß sie in Stücke reißen, und ihre Anverwandten können ihnen dann nicht einmal ein ordentliches christliches Begräbnis bereiten.

Anekdote um das Jahr 1840 in der Nationalzeitung

bahnen glaubten, dass nicht nur ein Komfortsprung sondern auch eine optische Aufwertung notwendig wäre. Swiss Express und EW IV sind bei den Bahnreisenden beliebt. Als vorläufig letzter Schritt beim Triebfahrzeugbau muss die Anwendung moderner Umrichtertechnik erwähnt werden. Bahn+Bus 2000 und NEAT bleiben politische Dauerbrenner. Was einst grosszügig angedacht wurde, musste nach der anhaltenden Rezession wieder vors Volk. Doch die Schweizer setzen auch in Zukunft auf die Bahn. In der vorläufig letzten Volksabstimmung zu Bahn 2000+NEAT vom November 1998 entschieden sich die Schweizerinnen und Schweizer für die Milliarden-Bauvorhaben. Beim Nordportal in Erstfeld und beim Südportal bei Pollegio werden nun die beiden Röhren des Gotthard-Basistunnels in Angriff genommen. Auch der Lötschberg ist baureif. Bis in die Jahre 2007 (Lötschberg) und 2012 (Gotthard) sollten die beiden Basistunnels dem Betrieb übergeben werden.

FOTO: RONALD GOHL

Rebberge am Genfer See – die SBB fährt am See von Genf nach Montreux.

Von der Romandie bis zum Rhein

Ein weit verzweigtes Streckennetz

Trotz der vielfach schwierigen topografischen Lage besitzt die Schweiz das flächenbezogen dichteste Verkehrsnetz der Welt. Zwei Drittel aller Schweizer erreichen in nur fünf Gehminuten von ihrer Wohnung aus ein öffentliches Verkehrsmittel. 5000 Bahnkilometer erschliessen das Land mit seinen 7,0 Millionen Einwohnern. 2986 km des eng geflochtenen Netztes betreiben die Schweizerischen Bundesbahnen (SBB). Dabei werden über 800 Bahnhöfe in 22 Kantonen bedient. 65 verschiedene Privatbahnen stellen den Verkehr auf 45 % aller Schienenkilometer sicher. Unter dem Motto „jede Stunde ein Zug" entscheiden sich jährlich rund 320 Millionen Reisende für eine Fahrt im umweltschonenden Verkehrsmittel Bahn.
Eisenbahnen in der Schweiz – eine Reise durch das offizielle Kursbuch beginnt am Genfer See. Viele kleine, teilweise wenig bekannte Privatbahnen steigen vom Ufer des Genfer Sees die hügelige Topografie hinauf. Auch die Montreux–Oberland Bernois (MOB) hat ihren Ausgang am Genfer See, fährt die Rebberge hinauf, überquert die Sprachgrenze und endet im bernischen Zweisimmen. Sicher die wichtigste Verbindung ist die Rhonetal-Linie Genf–Lausanne–Brig. Sie findet ihre Fortsetzung durch den fast 20 km langen Simplontunnel bis ins italienische Domodossola. Von Brig aus verkehrt aber auch die touristisch sehenswerte BVZ-Zermattbahn ins Mattertal, und von dort aus die Gornergratbahn bis auf eine Höhe von über 3000 m ü.M. (Kursbuchstrecken 100-156).
Hierzulande gibt es aber nicht nur himmelhohe Berge und kurvenreiche Alpenbahnen. Auch das flache, westliche Mittelland mit den Städten Bern, Biel, Neuchâtel und Fribourg gehören dazu, ebenso die interessanten Hügelzüge des Juras. Die Kursbuchstrecken 200-298 überziehen ein geografisch grosses Gebiet. Sie reichen von Basel über die gesamte Jurakette bis nach

Lausanne. Im Osten kommt man mit der Gürbetalbahn bis nach Thun. Besonderes Interesse verdient natürlich die schmalspurige Chemins de fer du Jura. Sie ist 1944 durch die Fusion von vier Bahngesellschaften entstanden. Auch der Kanton Freiburg leistet sich seine eigene Bahn, die GFM, sie verfügt über ein 98,5 km langes Netz mit Normal- und Schmalspurbahnen.
Wer denkt bei der Schweiz nicht an imposante Viertausender? Alles zu haben im Berner Oberland. Die Kursbuchstrecken 300-321 werden ausschliesslich von Privatbahnen betrieben. Die BLS-Lötschbergbahn, vor wenigen Jahren auf Doppelspur ausgebaut, nimmt eine wichtige Rolle im Alpentransit (Thun–Spiez–Frutigen–Brig) ein. Sie bedient aber im Simmental auch kleine Bergdörfer zwischen Spiez und Zweisimmen. Ganz auf Tourismus ausgerichtet sind die Bahnen der Jungfraugruppe. Die Holding verwaltet mehrere schmalspurige Privatbahngesellschaften im Raume Interlaken, Grindelwald und Wengen. Sie zählt zu den rentablsten Bahnen der Welt und schreibt jedes Jahr einige Millionen Franken Gewinn. Bestes Pferd im Stall ist natürlich die Jungfraubahn, mit ihr erreicht man den höchstgelegenen Bahnhof in Europa (3454 m ü.M.).
Zur Schweiz gehören aber auch das Emmental und Entlebuch, eine kernige Region mit stolzen Bauern, fruchtbaren Hügeln und allein stehenden Höfen. Einen Grossteil der Kursbuchstrecken 400-480 bewältigen die roten Züge des Regionalverkehr Mittelland. Sie befahren die Nebenlinien rund um den Napf (1407 m ü.M.). Aber auch die SBB betreiben drei wichtige Linien in dieser Region: Olten–Bern als Herzstück des InterCity-Verkehrs, die Schnellzugstrecke Bern–Luzern und die schmalspurige Brünig-Zahnradbahn Interlaken–Luzern. Auf dieser vor allem touris-

FOTO: ROGER HAUETER

Schwierige topografische Verhältnisse: Schluchten und enge Täler auf vielen Linien.

tisch sehr bedeutungsvollen Strecke kommt der Zug an fünf malerischen Alpenrandseen vorbei. Und mit der Luzern–Stans-Engelberg-Bahn (LSE) gelangt man mitten in die Innerschweizer Alpen.

Eisenbahnen in der Schweiz – darunter zu verstehen sind auch technische Meilensteine wie der Bau des Hauensteintunnels. Kein Land weist im Verhältnis zur Länge seines Bahnnetzes so viele Tunnels wie die Schweiz auf. Gleich 190 Bauwerke mit einer Länge von mehr als 300 Metern können ausfindig gemacht werden. Mit dem Durchbruch im Alten Hauenstein kamen sich die Städte Basel und Olten näher. Diese Linie erhielt bald so grosse Bedeutung, dass im Jahre 1916 ein zweiter, über acht Kilometer langer Tunnel der Hauenstein-Basislinie eröffnet wurde.

Die Kursbuchstrecken 500-508 sind nicht besonders vielfältig. Wichtigste Linie ist die InterCity-Verbindung Basel–Olten–Luzern. Bemerkenswert ist aber auch die längste Überland-Trambahn Europas (Dornach–Basel–Rodersdorf), die erst noch eine Station in Frankreich bedient.

Zu den Kursbuchstrecken 600-691 gehören nicht nur das imposante Werk der Gotthardlinie, sondern auch verschiedene Privatbahnen: zum Beispiel die FO (Furka–Oberalp-Bahn), die SOB (Südostbahn), die Rigi-Bahnen oder die grenzüberschreitende Centovalli-Strecke (Locarno–Domodossola).

Die meisten Verbindungen der Kursbuchfelder 700-764 konzentrieren sich auf den Grossraum Zürich. Moderne doppelstöckige S-Bahn-Züge bestimmen hier das Bild. Eine besonders ländliche Eisenbahnlinie befindet sich im Kanton Glarus (Ziegelbrücke–Linthal). Hier fährt der Zug durch ein tiefes Trogtal, von himmelhohen Bergen umgeben. Um von Zürich nach Schaffhausen zu gelangen (Kursbuchstrecke 760), wird sogar deutsches Gebiet überquert.

Foto: Ronald Gohl

Tunnels gehören zur Schweiz wie die Löcher im Emmentaler Käse. Im Bild die Re 6/6 Nr. 11644 bei Eggerberg VS.

Eisenbahnen in der Schweiz – darunter werden unweigerlich auch Ferienerinnerungen an die Ostschweiz wach. Man denkt vielleicht an kleine hübsche Züge in hügeliger und gebirgiger Landschaft, an ein Stück heile Schweizer Welt mit hübschen Appenzeller Höfen. Die direkte Linienführung durch das hügelreiche Voralpenland der Kursbuchstrecken 800-880 erforderte viele Kunstbauten wie Tunnels und Viadukte.

Und schliesslich bleibt noch das Mekka aller ausländischen Bahnfans – der gebirgige Kanton Graubünden mit der Rhätischen Bahn und den Kursbuchstrecken 900-960. Die meisten Loks wurden schon von begeisterten Modellbahnern nachgebildet. Die attraktiven Züge und die vielfältige Landschaft findet aber auch in der Schweiz ihre Bewunderer. Auf kleinstem Raum werden oft schwierigste topografische Hindernisse durchfahren – so zum Beispiel auf der Albulastrecke zwischen Chur und St. Moritz. Aber auch die SBB hat ihr 900er-Kursbuchfeld. Es führt von Ziegelbrücke entlang dem Walensee über Sargans und Landquart nach Chur.

Doppelstöcker bei Interlaken Ost mit zusätzlichem EW IV und IC-Bt.

Fotos: Roger Haueter (2)

Bahnreform bei den Bundesbahnen

Als Aktiengesellschaft ins neue Jahrtausend

Noch vor einem halben Jahrhundert fauchten die grossen Dampflokomotiven durchs Land. Das Publikum konnte die Zugkräfte beim Anfahren und die Druckkräfte beim Bremsen hör- und sichtbar miterleben. Nach dem Verschwinden der letzten Dampflok aus dem Fahr- und Dienstplan der SBB im Jahre 1968 wurde es auf den Schweizer Gleisen ruhiger. Und trotzdem: Auch die geballte Energie einer Elektrolok vermag Hobby- und Berufsleute zu begeistern.

Von den verstaatlichten Privatbahnen übernahmen die SBB in den Jahren 1902-1909 insgesamt 955 Dampflokomotiven. Der Höchststand wurde 1915 mit 1226 Einheiten erreicht, denn der Bestand wurde trotz Einzug der Elektrotechnik noch um einige hundert Neubauten aufgestockt. Heute sieht man Dampfrösser nur noch in Museen, bei Dampfbahn-Vereinen und anlässlich von Sonderfahrten. Obwohl die SBB noch acht historische Fahrzeuge besitzen, scheinen sie nicht sonderlich stolz darauf zu sein. Immer wieder heisst es: „Wir sind kein Museum, unsere Aufgabe ist es nicht, historische Maschinen zu konservieren". Auch Dampfmaschinen von Vereinen, die sich um die sorgfältige Revision einer Maschine gekümmert haben, werden nicht gern auf dem SBB-Netz gesehen.

Bereits vor mehr als 100 Jahren begann man mit der Entwicklung der elektrischen Traktion, seither hat sich vieles geändert und die neuen Hightech-Superzüge, wie zum Beispiel der ICN unterscheiden sich grundlegend von den Elloks der ersten Stunde. Bei älteren Bauarten waren die Fahrmotoren im Rahmen gelagert; im Gegensatz dazu sind die Fahrmotoren bei modernen Triebfahrzeugen in den Drehgestellen eingebaut. Auch die spürbaren „Hüpfer" beim Anfahren sind Vergangenheit, seit modernste Thyristor-Steuerungen die Fahrzeuge ruckfrei beschleunigen. Die Umrichter-Technologie, ein alter

Traum der Fahrzeugbauer, hielt bei den Schweizer Bundesbahnen mit der Beschaffung der Baureihe Re 460 Einzug. Bei dieser Technik wird der aus der Fahrleitung bezogene Strom in einen Drehstrom von veränderlicher Spannung und Frequenz „umgerichtet".
Ein Quantensprung im Bau von elektrischen Lokomotiven stellte aber schon die Re 4/4 I dar. Nach dem Ende des Zweiten Weltkrieges standen nicht nur leistungsfähige, sondern auch schnelle Lokomotiven im Vordergrund der Rollmaterialbeschaffung.
Nach der Einführung dieser leichten Drehgestelllok folgte die Übernahme der schweren Ae 6/6-Maschinen. Dieser Einheitstyp der neuen Epoche leistet 4300 kW, so dass seine betriebstechnischen Eigenschaften für verschiedene Aufgaben genutzt werden konnten. Doch die Entwicklung der Technik blieb nicht stehen. Das Ergebnis langjähriger Forschung war die Re 4/4 II, eine Lok die insgesamt 274 mal gebaut wurde und noch heute das Traktionsrückgrat der Bundesbahnen bildet.
Der am 25. Juli 1998 in Betrieb genommene vierteilige Vorserien-Neigezug RABDe 500 050-0 stellt vorläufig der letzte Innovationssprung bei den SBB dar. Mit dem Vorserienzug unternahmen der führende Schweizer Rollmaterialhersteller ADtranz und die SBB umfangreiche Testfahrten. Probleme wurden rechtzeitig erkannt, die Lösungen fliessen in die Serienproduktion der

Re 4/4 II der SBB auf der IC-Strecke Bern–Lausanne, fotografiert bei Düdingen FR.

24 Neigezüge für die SBB AG ein. Geplant ist die Ablieferung der ersten siebenteiligen Garnitur im Herbst 1999, der letzte Neigezug soll bis ins Jahr 2001 folgen.
97 Jahre nach der Gründung der Schweizerischen Bundesbahnen wandelte sich der Staatsbetrieb am 1. Januar 1999 in eine privatwirtschaftliche Aktiengesellschaft um. SBB AG heisst das neue Unternehmen, dem als Verwaltungsratspräsident Thierry Lalive d'Epinay vorsteht. Der 53-jährige Unternehmensberater aus Freienbach SZ nimmt sein Amt nur in einem 50-Prozent-Pensum in Angriff. Lalive ist weder Politiker noch Bähnler, sondern ein gewiefter Manager. Anlässlich eines Interviews mit der Berner Zeitung BZ erklärte er seine ehrgeizigen Ziele. Der neue Chef der Eisenbahn will sein Unternehmen bereits im ersten Geschäftsjahr in die Gewinnzone führen. Wie vom Schweizerischen Eisenbahner- und Verkehrspersonal-Verband SEV befürchtet, sind auch weitere Entlassungen in Sicht. Seine Devise: „Die SBB können ihre Leistungen mit weniger Personal gleich gut erbringen". Bis 2001 gilt zwar noch der Beamtenstatus, weil Entlassungen bis dahin nur bedingt möglich sind, heisst das Zauberwort „Auslagerung" – zum Beispiel durch die Gründung einer Cargo-Firma mit der Italienischen Staatsbahn. Die Sonntags Zeitung behauptete, dass davon bis zu 3000 Bähnler betroffen sind.
Noch bleibt der Bund Alleinaktionär der SBB AG – eine Privatisierung wäre erst denkbar, wenn die Bahn stark und effizient in die Gewinnzone steuert.
Benedikt Weibel rückt als Präsident der Geschäftsleitung an die operative Spitze der neuen SBB AG. Kein Platz bleibt für den bisherigen Generaldirektor Hans Peter Fagagnini, sein Departement Verkehr wird aufgelöst. Weibel unterstehen die drei Divisionen Personenverkehr/Güterverkehr/Infrastruktur sowie das Finanz- und Personalwesen.

FOTO: RONALD GOHL

Zwei Re 460 auf der Lötschbergachse, fotografiert bei Einigen am Thuner See.

FOTO: ROGER HAUETER

Enge Kurven, hohe Viadukte: Die Furka–Oberalp-Bahn (FO) bei Sedrun.

Starke Partner für Randregionen

Privatbahnland Schweiz

Es gibt sie in jedem Kanton und es sind deren viele. Die Rede ist von den Privatbahnen, ohne die der öffentliche Verkehr in der Schweiz nicht funktionieren würde. Meist bedienen sie Randregionen, oft in engen Bergtälern. Sie sind Überlebenskünstler, denn das Bahngeschäft wirft nur in seltenen Fällen Dividenden ab. Nur einige Bergbahnen schreiben schwarze Zahlen, alle übrigen sind darauf angewiesen, dass ihre Defizite von den Gemeinden und Kantonen getragen werden. Aktionäre sind denn auch meist die Kantone und Gemeinden. Natürlich gibt es grosse Privatbahnen wie die BLS Lötschbergbahn AG oder die Rhätische Bahn, daneben auch ganz kleine, die nur über wenige Kilometer Gleis verfügen und ein einziges Triebfahrzeug haben – z.B. Bergbahn Rheineck–Walzenhausen (RhW). Andere wiederum kämpfen um die weitere Existenz. Die Oensingen–Balsthal-Bahn (OeBB) soll stillgelegt und auf Busbetrieb umgestellt werden – wenigstens wenn es nach dem Willen des Kanton Solothurn ginge, der nicht mehr bereit ist das Defizit zu tragen. Überall ist Sparen angesagt. Die Sensetalbahn (STB) hat kein Geld für die dringende Beschaffung eines neuen Triebfahrzeuges. Deshalb hat sie bei der Sihltal–Zürich–Uetliberg-Bahn ein Pendelzug ausgeliehen. Doch auch hier sind Umstellungen auf Buseratz im Gespräch. Wenigstens würde alle Stunde noch ein S-Bahn-Zug der SBB bis Laupen fahren, die dazwischen verkehrende STB-Komposition müsste aber einem Bus weichen.

Das Rollmaterial ist bei vielen Privatbahnen auf dem neusten Stand. Es ist erstaunlich wie vielfältig die Fahrzeuge sind. Oft sind es Einzelanfertigungen, wie zum Beispiel der Zahnrad-Triebwagen BDeh 3/6 Nr. 25 der Rohrschach– Heiden-Bahn (RHB), die von der Industrie geliefert werden müssen. Innovation und Flexibilität ist hier angesagt. Mittelgrosse Unternehmen wie Stadler Fahrzeuge AG in Bussnang zeichnen sich dadurch aus,

LSE
LSE

BELLEVUE-TERMINUS
3
LSE
LSE

dass sie auch auf die Bedürfnisse von kleinen Bahnen eingehen können. Internationale Unternehmen wie ADtranz beschränken sich dagegen auf Aufträge, welche von Seiten der SBB oder der grösseren Privatbahnen eingehen. Fusionen gibt es mittlerweile nicht nur bei Grossbanken, Versicherungen und Kaufhäusern. Auch Bahnen haben die ökonomischen Vorteile einer Zusammenlegung entdeckt. Sogenannte „Mergers" gehören in Amerika ja schon lange zur Tagesordnung. Dort hat man mittlerweile sogar den Überblick verloren, welche

Vorangehende Seite: Vier LSE-Triebwagen der Baureihe BDeh 4/4 im Bahnhof von Engelberg. Oben: Die Waldenburgerbahn (WB) fährt von Liestal aus ins hintere Baselbiet.

Bahngesellschaft mit welcher fusioniert hat. In der Schweiz bleibt es noch einigermassen nachvollziehbar. Die letzten Beispiele: Aus den vier Partnern SEZ, GBS, BLS und BN wurde die BLS-Lötschbergbahn AG – aus EBT, VHB und SMB der Regionalverkehr Mittelland. Auch unter dem Label OSST (Oberaargau-Solothurn- Seeland-Transport) entdeckt man drei früher unabhängige Privatbahnen wie die BTI, RVO und SNB. Im Tessin werden die beiden einzigen Meterspurbahnen Centovalli und Lugano–Ponte Tresa von der FART mit Sitz in Locarno verwaltet.

TIPP

Nachfolgend eine Liste der wichtigsten Privatbahnen der Schweiz:

AB – Appenzeller Bahnen
AL – Ch.d.f. Aigle–Leysin
AOMC – Ch.d.f. Aigle–Ollon–Montey–Champéry
ASD – Aigle–Sepey–Les Diablerets
BAM – Ch.d.f. Bière–Apples–Morges
BD – Bremgarten–Dietikon-Bahn
BLM – Bergbahn Lauterbrunnen–Mürren
BLS Lötschbergbahn AG
BLT – Baselland Transport AG
BOB – Berner Oberland Bahnen
BRB – Brienz–Rothorn-Bahn
BT – Bodensee–Toggenburg-Bahn
BTI – Biel–Täuffelen–Ins-Bahn
BVB – Bex–Villars–Bretaye
BVZ Zermatt-Bahn
CEV – Ch.d.f. Electriques Veveysans
CJ – Ch.d.f. Jura
CMN – Ch.d.f. des Montagnes Neuchâtelois
DFB – Dampfbahn Furka-Bergstrecke AG
FART – Ferrovie Autolinee Regionali Ticinesi
FB – Forchbahn
FLP – Ferrovie Lugano–Ponte Tresa
FO – Furka–Oberalp-Bahn
FW – Frauenfeld–Wil-Bahn
GFM – Ch.d.f. fribourgeois
GGB – Gornergratbahn
JB – Jungfraubahn
LEB – Ch.d.f. Lausanne–Echallens–Bercher
LSE – Luzern–Stans–Engelberg-Bahn
MC – Ch.d.f. Martigny–Châtelard
MO – Ch.d.f. Martigny–Orsière
MThB – Mittelthurgau-Bahn
NStCM – Ch.d.f. Nyon–St.Cergue–Morez
RB – Rigi-Bahnen
RBS – Regionalverkehr Bern–Solothurn
RhB – Rhätische Bahn
RHB – Rorschach–Heiden-Bergbahn
RM – Regionalverkehr Mittelland
RVO – Regionalverkehr Oberargau
SOB – Südostbahn
SZU – Sihltal–Zürich–Uetliberg-Bahn
TB – Trogenerbahn
TSOL – Tramway du sud-ouest lausannois
WAB – Wengernalpbahn
WB – Waldenburgerbahn
WSB – Wynental- und Suhrentalbahn
YSteC – Ch.d.f. Yverdon–St-Croix

FOTO: ROGER HAUETER (AUCH SEITE 20/21)

FOTO: RONALD GOHL

Die Zürcher S9 hält in Fahrtrichtung Zug kurz in Urdorf-Weihermatt.

Neue Linien, schnelle Züge

S-Bahnen in Zürich, Bern, Basel und Lausanne

Am 29. November 1981 hiessen die Stimmbürger im Kanton Zürich die sogenannte S-Bahn-Vorlage gut. Vorgesehen war der Bau und Betrieb einer Stadt-Bahn nach dem Vorbild ausländischer Metropolen. Die Finanzierung der Neubauten erfolgte durch den Kanton Zürich; mit den Schweizerischen Bundesbahnen wurde am 2. März 1982 ein Vertrag über die Zusammenarbeit beim Betrieb der Zürcher S-Bahn abgeschlossen. Demzufolge hatten die SBB entsprechend leistungsfähige S-Bahn-Züge zu beschaffen, die Stadt Zürich besass bei der Wahl des Fahrzeugtyps und bei der kundenfreundlichen Ausstattung ein Mitbestimmungsrecht. Erstmals in der Schweiz fiel die Wahl auf ein Doppelstockfahrzeug, denn ähnliche Züge bewährten sich bereits im Vorstadtverkehr der Nederlandse Spoorwegen (NS) und der SNCF. Ferner war zu berücksichtigen, dass eine Bahnsteiglänge von 300 m zur Verfügung stand. Insgesamt wurden 59 Fahrzeugvarianten geprüft. Schliesslich einigte sich die Arbeitsgruppe auf einen rund hundert Meter langen Zug, bestehend aus einer Lokomotive, einem doppelstöckigen Steuerwagen Bt sowie zwei Doppelstock-Zwischenwagen der Typen AB und B. Etwa 400 Personen finden in einer solchen S-Bahn-Einheit Platz. Mittels automatischer Kupplung können bei Bedarf problemlos zwei oder drei Einheiten zusammengehängt und vielfachgesteuert werden.

Die S-Bahn fährt unterirdisch in den Zürcher Hauptbahnhof ein. Auch einige wenige weitere Stationen liegen unter dem Boden. Mit verschiedenen Durchmesserlinien erreicht man so wichtige Destinationen wie Zug, Rapperswil, Uster oder Winterthur. Nicht überall verkehren Doppelstöcker – und nicht jede S-Bahn-Linie fährt vom unterirdischen Bahnhof aus ab.

Auch die Berner haben ihre S-Bahn. Im Vergleich zu anderen Städten verfügt Bern über ein vorteilhaft ausgebautes

Bahn-, Bus- und Tramangebot, welches durch eine strikte Parkplatzpolitik unterstützt wird. Im Vergleich zu Lausanne und Genf liegen die meisten Arbeitsplätze im Zentrum der Stadt. 45 Prozent der Befragten fahren in Bern mit den öffentlichen Verkehrsmitteln zur Arbeit, in Lausanne sind es 19 Prozent und in Genf gerade mal 16 Prozent. Beim Einkaufsverkehr benützen gar 68 Prozent der Berner die Bahn, das Tram oder den Bus, in Genf sind es nicht einmal die Hälfte, nämlich 32 Prozent, und in Lausanne sogar nur 26 Prozent.

Im Januar 1991 hat der Grosse Rat des Kantons Bern das Konzept „Berner S-Bahn" verabschiedet, die heute von den vier Bahnunternehmen SBB, BLS Lötschbergbahn AG, Regionalverkehr Mittelland (RM) und Sensetal-Bahn (STB) betrieben wird. Nach der erfolgreichen Einführung der ersten beiden S-Bahn-Linien gingen auf Fahrplanwechsel 1998 die nächsten Linien in Betrieb. Die S-Bahn Bern bedient vom grossen Bahnknotenpunkt bis zur kleinen Haltestelle 138 Bahnhöfe und Stationen in fünf Kantonen (Bern, Fribourg, Solothurn, Waadt und Neuenburg). Das Binnenverkehrsaufkommen auf der Linie Bern–Biel umfasst über 9000 Personenfahrten pro Tag. Rund 55 Prozent der Fahrgäste benützen die Regionalzüge. Auf dem S3-Ast „Gürbetal" macht der Binnenverkehr der Linie Bern–Belp–Thun mit über 11 000 Personenfahrten ebenfalls den grössten Anteil aus.

Noch in den „Kinderschuhen" steckt die S-Bahn Basel. Bereits in Betrieb ist hier die grenzüberschreitende „Grüne Linie". Sie verbindet Mulhouse (F) über Basel mit dem Fricktal. Seit Jahren in Diskussion ist die sogenannte „Rote Linie". Sie soll von Zell (D) über Basel nach Olten führen. Die Finanzierung ist ungewiss und die DB AG stellt sich quer.

In Lausanne existiert eine einzige S-Bahn-Linie. Sie wurde im Jahre 1990 komplett neu erstellt und verbindet die Stadt am Genfer See mit dem 7,9 km weiter westlich gelegenen Renens.

FOTO: ROGER HAUETER

BLS-Triebwagen vom Typ ABDe 535; auf der Berner S3/S33 im Einsatz.

FOTO: VALLY GOHL

Gelb ist die Farbe der Basler BLT-Trams. Sie bedienen die Linien 10, 11, 14 und 17.

Neue Gleise braucht die Stadt

Die Tram-Renaissance der Schweiz

Das Tram war in der Schweiz der Wegbereiter für die elektrische Traktion. Bereits im Jahre 1888 fuhr die erste elektrische Strassenbahn zwischen Vevey, Montreux und Chillon. Zu jener Zeit gab es noch Pferde-Trambahnen. Sie konnten keine grossen Steigungen überwinden und Dampflokomotiven waren auf den Strassen ein ständiges Verkehrshindernis. Aus diesem Grund entschieden sich die städtischen Strassenbahnbetreiber rasch für die elektrische Traktion, vor allem nachdem der Beweis für die Tauglichkeit dieses Antriebssystems erbracht war.

Noch vor einem halben Jahrhundert gab es in fast jeder grösseren Stadt ein Tram. Luzern hatte seine Strassenbahn, auch Neuchâtel, Biel und St. Gallen. Das grosse „Tramsterben" setzte bereits im Jahre 1932 ein, als die Strassenbahn von St. Moritz durch einen Bus ersetzt wurde. Als eine der letzten wurde 1966 die Schaffhauser Strassenbahn abgebrochen. In der Mitte des 20. Jahrhundets sahen viele Stadtplaner in den Tramfahrzeugen ein Hindernis – die Zukunft gehörte damals dem motorisierten Verkehr. Strassenbahnen mussten weichen. Viele Betriebe waren auch überaltert, die Sanierung von Infrastruktur und Rollmaterial hätte viele Millionen Franken verschlungen. Viel einfacher und günstiger war im Vergleich dazu die Umstellung auf Bus.

Überlebt haben in der Schweiz sechs Tramunternehmen – die Basler Verkehrsbetriebe (BV), die Baselland Transport (BLT), die Verkehrsbetriebe Zürich (VBZ), die Städtischen Verkehrsbetriebe Bern (SVB), die Transport publics genevois (TPG) und die Linie 5 der Transport en commun de Neuchâtel.

Trams haben ihre eigenen Fans – der Fahrzeugbestand ist ebenso interessant wie die Streckenführung. Es gibt steile Bergstrecken (z.B. Spalenberg und Bruderholz in Basel) und Überlandlinien, wo die Tramwagen auf bis zu 65 km/h beschleunigen. Der Fahrplan ist meist

Foto: SVB

In der Bundesstadt Bern gibt's ein dichtes Tramnetz mit vielen Linien.

dicht mit Tramzügen alle zehn Minuten. Entsprechend viele Pendler benützen für ihren Weg zur Arbeit oder zum Einkauf die Strassenbahn.
Besonders farbig und vielfältig präsentiert sich die Strassenbahn-Szene in der Stadt Basel. Gelbe und grüne Tramwagen bringen Abwechslung ins Strassenbild. Es gibt vier-, sechs- und achtachsige Fahrzeuge, darunter solche mit Niederflureinstiegen. Auch viele historische Trams konnten dank der Initiative des Tramclubs Basel erhalten werden. So verkehrt die „Dante Schuggi" heute als Speisewagen und auch die zwei Motorwagen Ce 2/4 Nr. 12 und 13 der ehemaligen Birseckbahn (BEB) blieben der Nachwelt erhalten.
In Genf hat man die Strassenbahn wieder entdeckt. Sie wird seit Jahren ausgebaut. Es kommen neue Linien dazu. Im März 1998 konnte die Neubaustrecke Bel-Air–Stand eingeweiht werden. Weil so viele Pendler wieder die Strassenbahn benützen, sind die 46 in den Jahren 1987-97 angeschafften Fahrzeuge bereits wieder zu klein. Deshalb erwägen die TPG ihre Be 4/6 zu Zehnachsern umzubauen, dies soll durch Einfügen von zwei Mittelteilen und zusätzlichen Gelenken erfolgen. Die Pläne für eine U-Bahn-Linie von Annemasse nach Meyrin wurden inzwischen verworfen. Als Alternative dazu – wie kann es anders sein – wird eine neue, grenzüberschreitende Strassenbahnlinie erwogen. Auch in Zürich erweitert die VBZ ihr Netz – die Linie 11 wird von Oerlikon bis zur Messe verlängert.

TIPP

Ehemalige Schweizer Trams und deren Einstellungsdaten:

St. Moritz	1932
Biel	1948
La Chaux-de-Fonds	1950
Winterthur	1951
Zug	1953-59
St. Gallen	1957
Vevey–Chillon	1958
Steffisburg–Thun	1958
Lugano	1959
Locarno	1960
Spiez	1961
Luzern	1961
Lausanne	1964
Fribourg	1965
Schaffhausen	1966

Auf steilen Schienen

Zahnradbahnen in der Schweiz

Ein Hauch von Belle Epoque, versehen mit einem Schuss wehmütiger Erinnerung an die gute alte Zeit des beginnenden Fremdenverkehrs, umgibt heute die Zahnradbahnen im Alpenraum. Sie wecken liebevoll-nostalgische Gefühle und erfreuen sich grösster Beliebtheit: Was wäre der Tourismus in Zermatt schon ohne die Gornergratbahn, was wäre Grindelwald ohne seine Bahn aufs Jungfraujoch?

Mitte des vergangenen Jahrhunderts wurde die gezahnte Hilfsschiene für Bergbahnen erfunden, 1871 schliesslich ratterte die erste Zahnradbahn Europas auf die Rigi. Im Zuge des nun einsetzenden Baubooms entstanden weltweit bis 1900 insgesamt 88 Anlagen. In der Schweiz sind Zahnradbahnen heute noch besonders häufig. 13 Anlagen mit reinem Zahnradantrieb können zwischen Genfer See und Bodensee gezählt werden. Hinzu kommen über ein Dutzend Bahnen mit gemischter Zahnrad- und Adhäsionstraktion.

Als vor etwas mehr als hundert Jahren auch der städtische Mittelstand die Bergwelt als ideales Erholungsgebiet entdeckte, schmiedeten in den meisten Bergtälern kühne Unternehmer Pläne, wie das Gebirge für einen umfänglichen Tourismus erschlossen werden könne. So vieles erfanden und entwickelten ideenreiche Ingenieure gleich mehrmals: zum Beispiel auch die gezahnte Hilfsschiene der Bergbahn. Die Schweizer Erfinder Riggenbach, Abt und Strub setzten in der zweiten Hälfte des 19. Jahrhunderts viel daran, die Bergwelt mit Hilfe von Zahnstange und Zahnrad

Foto: Archiv Lan

Dank Zahnrad schien kein Bahnprojekt im 19. Jahrhundert zu kühn.

FOTO: RONALD GOHL

Die Jungfraubahn verfügt noch über fünf Holzlokomotiven des Typs He 2/2.

auch für die Eisenbahn zugänglich zu machen. Für seine Pläne fand der Ingenieur Niklaus Riggenbach (1817-1899) im eigenen Land jedoch nur wenig Verständnis, so dass er sein Patent 1863 in Paris anmeldete. Sechs Jahre später kam ihm der Amerikaner Silvester Marsh allerdings zuvor; dieser baute die erste Zahnradbahn der Welt. Sie fährt noch heute auf den 1917 m hohen Mount Washington in den White Mountains (Staat New Hampshire/USA). Gerade als in den USA die Dampf-Zahnradbahn auf den Mount Washington in Betrieb genommen wurde, erteilte der Grosse Rat des Kantons Luzern die Konzession für den Bau und Betrieb einer Zahnradbahn auf die Rigi. Am 21. Mai 1871 konnte Niklaus Riggenbach dann an seinem 54. Geburtstag die Eröffnung der ersten Zahnradbahn Europas feiern. Das Echo war so gross, dass die Schweizer zu den Zahnradbahn-Spezialisten auf der ganzen Welt wurden. Von den 88 weltweit gebauten Anlagen weisen nur gerade drei keine schweizerische Herkunft auf.
Roman Abt war die zweite wichtige Figur im Zahnradbahngeschäft. Er baute immerhin 40 von 88 Zahnradbahnen, darunter sogar eine in Vietnam. Die meterspurige Strecke von Thap-Cham nach Da Lat führte vom Badestrand durch den Dschungel zu einer phantastisch wirkenden Bergregion mit Pinien und Föhren. Nach den Kriegswirren wurde die teilweise zerstörte Linie leider stillgelegt. Vier Lokomotiven hatte die Furka–Oberalp-Bahn (FO) 1947 nach Vietnam verkauft. Sie wurden 1990 von der Dampfbahn Furka Bergstrecke AG (DFB) zusammen mit zwei vietnamesischen Vierachs-Maschinen in die Schweiz zurückgeholt.
Den geistigen Vater einer Zahnradbahn erkennt man übrigens an der Zahnstange. Die zweistufige Zahnstange von Roman Abt besteht aus zwei nebeneinander verlaufenden Flachstäben mit versetzten Zähnen (Abb. 1). Roman Abts System macht ein zweikränziges Triebrad notwendig, bei dem schon nach einem Sechstel der Zahnteilung ein neuer Eingriff erfolgt. Den Vorteil dieser Anordnung bekommen hauptsächlich die Fahrgäste zu spüren, ermöglicht die zweistufige Zahnstange doch einen besonders sanften Gang der Lokomotive (z.B. Gornergrat). Das System Riggenbach (z.B. Rigi-Bahnen, Wengernalpbahn) zeichnet sich dagegen durch eine Leiterzahnstange aus. Zwei seitliche Wangen verhindern das Ausgleiten des

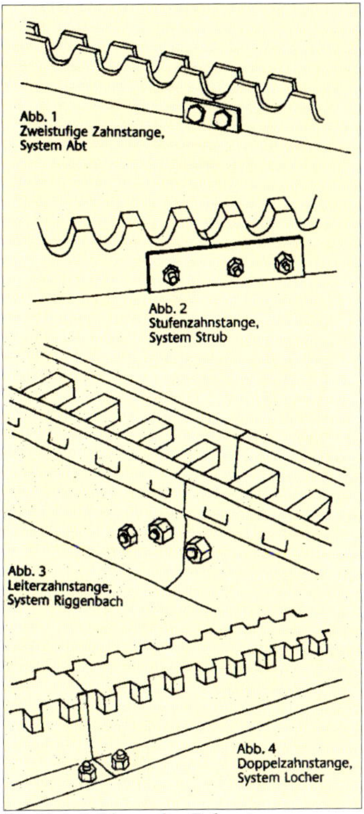

Die Entwicklung der Zahnstange

Zahnrades (Abb. 3). Stark von der Norm weicht die nur einmal bei der Pilatus-Bahn (PB) verwendete Zahnstange von Locher ab. Zwei horizontal liegende Zahnräder greifen seitlich in einen links und rechts gezahnten Flachstab ein (Abb. 4). Auch die einfache Stufenzahnstange System Strub (Abb. 2) fand nicht sehr häufig Verwendung beim Bau von Zahnradbahnen (z.B. Jungfraubahn, Lausanne–Ouchy).

Im Unterschied zu Adhäsionslokomotiven wird die Zugkraft der Maschine nur auf das Zahnrad übertragen. Die Laufräder sitzen lose auf den Achsen und entwickeln keine Zugkraft. Bei den kombinierten Zahnrad- und Reibungsbahnen erfolgt der Antrieb dagegen sowohl auf die Adhäsions- wie die Zahnräder. Eine Ausnahme bildet hier der Brünig-Gepäcktriebwagen Deh 120. Ungewöhnlich ist die Achsfolge Bo'2'Bo' – diese Anordnung lässt sich auf die vollständige Trennung des Adhäsions- und Zahnradantriebs zurückführen. Über die beiden äusseren zweiachsigen Drehgestelle wird die Adhäsionszugkraft übertragen. Das innere Drehgestell operiert als reines Laufdrehgestell. Es enthält aber auch die beiden Zahnradantriebe. Nur wenige Fahrgäste werden allerdings so genau auf die technischen Details achten, wenn sie mit einer Zahnradbahn einen Ausflug ins Gebirge unternehmen. Im Vordergrund steht noch immer das Erleben der herrlichen Bergwelt, das dank Niklaus Riggenbach, Roman Abt, Eduard Locher und anderen Bergbahnpionieren auf so bequeme Weise möglich geworden ist.

Neben den Zahnradbahnen dürfen natürlich die vielen Standseilbahnen nicht vergessen werden. Auch sie verkehren auf Schienen, gelten aber nicht als unabhängige Triebfahrzeuge. Der Antrieb befindet sich im Gebäude und das Fahrzeug wird mit Hilfe eines Seiles bewegt.

FOTO: RIGI-BAHNEN

Auf die Rigi fahren von Vitznau und Arth-Goldau gleich zwei Zahnradbahnen.

FOTO: RONALD GOHL

Verschnaufpause für die Brünig-Lok HG 3/3 Nr. 1067 der Ballenberg-Dampf-Bahn.

Frischdampf aus vollen Rohren

Museumsbahnen und attraktive Touristenstrecken

Nicht jede Bahn ist im offiziellen Kursbuch verzeichnet. Es gibt viele Museumsbetriebe, die nur an einigen Wochenenden im Jahr fahren. Darunter fallen vor allem Dampfbahnvereine, die ihr sorgfältig restauriertes Rollmaterial für öffentliche Fahrten zur Verfügung stellen. Es ist nicht immer ganz leicht an die entsprechenden Informationen, welcher Zug wo und wann fährt, heranzukommen. Wer sich nicht auskennt, kauft am Kiosk die Zeitschriften „Loki" oder „Eisenbahn-Amateuer", dort stehen die meisten, aktuellen Daten drin.

Daneben haben auch viele nach Fahrplan verkehrende Privatbahnen eine Dampflok oder ein Elektroveteran im Depot. Sie werden speziell für Gruppen, z.B. Hochzeiten oder Vereinsreisen, aus der Versenkung geholt und in Betrieb gesetzt. Einige veranstalten jedes Jahr auch öffentliche Fahrten. Beispiele dafür sind die Rigi-Bahnen, die Waldenburgerbahn oder die Rhätische Bahn. Jedes Jahr ist die Rigi wieder Schauplatz der beliebten Dampf-Festivals mit der bis über die Landesgrenzen hinaus bekannten Fahrzeugparade. Die älteste Zahnradbahn der Schweiz (Baujahr 1871) verfügt über eine grosse Zahl historisch interessanter Lokomotiven und Wagen. Die Fahrzeugparade findet jeweils im Juli statt. Zudem dampfen die Züge täglich von Mitte bis Ende Juli ab Vitznau und Anfang bis Mitte August ab Goldau. Infos gibts bei den Rigi-Bahnen AG, 6354 Vitznau, Tel. 041/399 87 87, Fax 041/399 87 00, http://www.rigi.ch

Viel los ist natürlich auch zwischen Blonay und Chamby. Die Saison der Museumsbahn beginnt Anfang Mai und endet am 31. Oktober 1999. Jeweils am Wochenende sind fahrplanmässige Züge unterwegs und das Museum ist geöffnet. Besondere Beachtung verdient meist das Pfingstwochenende mit einer grossen Fahrzeugparade. 1999 erfolgte bei dieser Gelegenheit die Wieder-Inbetriebnahme des 1903 für die Berninabahn gebauten und jetzt umfangreich restaurierten Sa-

Mit Dampf und „Belle-Epoque"-Wagen an der Rigi-Fahrzeugparade.

lonwagens As Nr. 2. Ende Oktober findet oft eine zweite, etwas kleinere Fahrzeugparade mit einigen Dampflokomotiven statt. Infos: Chemin de fer-musée Blonay–Chamby, Case postale 366, 1001 Lausanne, Tel. 021/943 21 21. Bei der Rhätischen Bahn gibts natürlich während des ganzen Jahres eine Reihe von Sonderzügen. „Graubünden Ferien" hält hierfür speziell eine Broschüre bereit. Zu den Highlights gehören Fahrten mit dem „Fliegenden Rhätier", den Salonwagen oder offenen Aussichtswagen. Als Lokomotiven kommen entweder die vier berühmten RhB-„Krokodile" vom Typ Ge 6/6 I, die zwei Dampflokomotiven G 4/5 Nr. 107-108 oder die beiden Elektroveteranen Ge 2/4 Nr. 222 und Ge 4/6 Nr. 353 zum Einsatz. Im Zusammenhang mit den Sonderfahrten hat sich auch das Hotel Stolzenfels in Davos einen Namen gemacht. Der initiative Hotelier und RhB-Fan Andreas Jenny organisiert für seine Gäste „RhB-Bahnwochen" mit verschiedenen Spezialzügen. Dazu gehören auch Rundfahrten von Davos über Filisur, Tiefencastel und Thusis nach Chur und weiter über Landquart und Klosters zurück nach Davos. Nähere Infos bei Graubünden Ferien, Alexanderstrasse 24, 7000 Chur, Tel. 081/254 24 24, Fax 081/254 24 00.

Neben diesen grossen Anbietern findet man auch ganz kleine, individuelle Angebote. Bei der Brienz–Rothorn-Bahn (BRB) kann man sich zum Heizer ausbilden lassen, bei der Zürcher Museumsbahn sogar zum Hobby-Lokführer. Oder wie wärs mit einer Begegnung mit einer der grössten Dampfloks Europas? Die 241 A 65 (ex SNCF) „Le Boef" ist 26 m lang und wiegt 197 t – ein richtiges Schienenmonster. Infos beim Trans Continental Museums Club, Postfach 867, 3008 Bern, Tel. 031/310 58 57. Wer auf amerikanische Loks steht, kommt beim Verein Mikado 1244 (Postfach 30, 8488 Turbenthal) auf seine Kosten. Die in Kanada gebaute Mikado-Maschine fährt seit über 20 Jahren in der Schweiz und gilt sogar als stärkste Dampflokomotive im Land. Sie erhielt als einige der wenigen Maschinen sogar die Betriebsbewilligung für Fahrten auf dem Trassee der Schweizerischen Bundesbahn.

Natürlich gibt es in der Schweiz noch unzählige weitere Dampfbahnvereine mit hoch interessantem Rollmaterial.

FOTO: ARCHIV LAN

Nach amerikanischem Vorbild: Doppeldecker bei den SBB, im Einsatz seit 1997.

Vom Einheitswagen zum Dosto 2000

Reisewagenbau in der Schweiz

Am 26. Februar 1945 wurde im Baselbiet eine kleine Firma zur Reparatur von kriegsbeschädigten Güterwagen aus Frankreich gegründet. Bald entwickelte sich das Unternehmen zu einem der führenden Rollmaterial-Lieferanten. Die Firma mit ihren zwei Werken in Altenrhein und Pratteln erlebte manche Höhen und Tiefen in ihrer Geschichte. Seit 1998 existiert Schindler Waggon AG nicht mehr. Nach der Fusion mit ADtranz ging die Firma ganz im führenden Rollmaterialhersteller auf.
Bereits zwei Jahre nach der Firmengründung erhielt Schindler den ersten SBB-Auftrag. Die Bundesbahnen bestellten versuchsweise je zwei Leichtstahlwagen der Typen B4ü und C4ü. Zu jener Zeit lag der Stundenlohn eines Arbeiters noch zwischen Fr. 1.60 und 1.80. In den Fünfzigerjahren folgte dann die Serienproduktion der Leichtstahlwagen. Doch diese Wagen – heute nicht mehr im Verkehr – waren nur die Vorläufer der Einheitswagen I-IV. In den Jahren 1956-67 nahmen die SBB über 1200 Stück dieses äusserst beliebten Wagens in Betrieb. Die EW I unterschieden sich von den Leichtstahlwagen durch zwei statt drei Abteile. Ausserdem befanden sich die Einstiegsplattformen wie bei früheren Wagen wieder an den Fahrzeugenden. 1965-74 folgten die EW II. Sie unterschieden sich von ihren Vorgängern durch eine niedrigere Wagenbodenhöhe (1020 mm statt 1100 mm). Verwendet wurden Räder mit einem kleineren Durchmesser. Statt der Faltenbälge kamen erstmals Gummiwülste zwischen den Wagen zur Anwendung. Im Inneren unterschieden sich die Nachfolger durch eine Verbesserung des Komforts von den EW I. Die beiden Einheitswagen prägten die Sechziger- und Siebzigerjahre auf dem Netz der Schweizerischen Bundesbahnen. Die alten zwei- und dreiachsigen Personenwagen mit ihren unbequemen Holzbänken wurden ausrangiert. Heute findet man die „alten“ EW II vor allem im Pendelzug-

FOTO: ARCHIV LAN

Immer komfortabler sollen die Züge der Zukunft werden – Stilstudie von Schindler.

verkehr. Sie wurden teilweise modernisiert und verkehren in S-Bahn-Verbänden. Aber auch InterRegio-Züge sind mit revidierten EW II unterwegs. Sie weisen Polstersitze und ein farbiges, der Zeit entsprechendes Innendesign auf. Mit der Idee der „Swiss-Express-Züge" wurden von 1972-75 insgesamt 72 Einheiten der Serie EW III gebaut. Man kann sie an ihrer orange/steingrauen Farbe erkennen. Ausserdem sind die Seiten leicht schräg. Die EW III verfügen über eine automatische Kupplung, auch die Tunnelübergänge sind vollautomatisch kuppelbar. Eine Klimaanlage mit Deckenbelüftung erhöht den Komfort. Eine Swiss-Express-Komposition setzte sich aus 14 Wagen zusammen, die vor allem auf der Städteschnellzugs-Route zwischen Genf, Zürich und Romanshorn verkehrte. Die EW III haben jedoch nicht alle Erwartungen erfüllt, so dass sie in den Achtzigerjahren von den völlig neu konzipierten EW IV abgelöst wurden. Diese Wagen orientierten sich erstmals an dem Vorbild ausländischer Bahnen (z.B. SNCF) und bilden noch heute das Rückgrat im InterCity-Verkehr. Mit einem passenden Steuerwagen (IC Bt) versehen, bilden die EW IV seit 1997 geschlossene Zugformationen. Die Kopfform des IC Bt ist einer Lok 2000 nachempfunden, die am anderen Ende des Zuges entweder schiebt oder zieht. Die vorläufig letzte Generation an Reisezugwagen bilden die Dosto 2000. Nach ausländischem Vorbild (z.B. Amtrak, USA) kommen seit 1997 komplette Doppelstockzüge im Fernverkehr zum Einsatz. Diese unterscheiden sich von den S-Bahn-Wagen (z.B. Zürich) durch eine durchgehende „Bel-Etage". Selbst die Übergänge von Wagen zu Wagen befinden sich nach amerikanischem Vorbild auf dem Oberdeck. Etwa 6000 Arbeitsstunden sind nötig, um einen Dosto 2000, der aus 30 000 Einzelteilen besteht, zu bauen. Viele Neuerungen bietet der Fahrkomfort: die luftgefederten Drehgestelle verringern nicht nur die Lärmemissionen sondern verbessern zugleich die Laufruhe. Die Beinfreiheit ist allerdings knapp bemessen, fast wie im Flugzeug und für das mitgeführte Handgepäck gibts nur winzige Ablageflächen, in denen sich kaum ein Aktenkoffer verstauen lässt. Viele Reisende stört die einengenden Platzverhältnisse, so dass die SBB für die Nachfolgeserien Verbesserungen versprachen.

FOTO: ARCHIV LAN

1992 nahmen die SBB zwölf Panoramawagen vom Typ Apm in Betrieb.

Von Licht und Gemütlichkeit auf Schienen

Fahrzeuge der anderen Art

Auf den Fahrplanwechsel von 1992 leisteten sich die SBB den Luxus, zwölf Panoramawagen in Betrieb zu nehmen. Die Erstklassfahrzeuge sind vom Typ Apm und kosteten über zwei Millionen Franken pro Stück. Die von Schindler Waggon AG (heute ADtranz) in Pratteln gebauten Wagen zeichnen sich durch eine auffällige gekrümmte 19 m lange und 1,6 m hohe Fensterfläche aus. Noch nie zuvor hat ein Fahrzeughersteller in Europa derart grosse Fenster gebaut. Die 140 kg schweren Scheiben werden lediglich durch schmale Seitenwandsäulen unterbrochen. Selbstverständlich besteht das Ganze aus Sicherheitsverbundgläsern. Beinahe doppelt so gross als bei herkömmlichen Fenstern ist der Sichtwinkel der Passagiere. Aber auch der um 45 Zentimeter erhöhte Fussboden garantiert eine ungestörte Aussicht. Das unkonventionelle und vollklimatisierte Fahrzeug bietet 54 Personen Platz und kommt vorwiegend in EuroCity-Zügen zum Einsatz, beispielsweise im EC Zürich–Chiasso–Milano–Genova–Ventimiglia–Monte Carlo–Nizza.

Panoramawagen gibts natürlich nicht nur bei den SBB. Längst sind die Montreux–Oberland Bernois (MOB), die Furka–Oberalp-Bahn (FO) und die BVZ-Zermattbahn auf den Geschmack gekommen. Und bei der Rhätischen Bahn verkehrt ab 2000 eine neue Generation des Bernina-Express, selbstverständlich mit Panoramawagen. Zahlreiche Passagiere sind gerne bereit, für das Mehr-Erlebnis auch mehr zu bezahlen. Panoramawagen gibts immer nur für eine Ticket der 1. Klasse.

In kaum einem Land ist die Fahrzeugvielfalt so gross wie in der Schweiz. Mit den verschiedenen Sonderwagen, die teilweise liebevoll mit Holz, Plüsch oder modisch mit Sesseln ausgestattet wurden, könnte man einen dicken Bildband füllen. Auf den vorliegenden zwei Buchseiten kann man nur versuchen, eine Übersicht zu vermitteln.

Die Rhätische Bahn haben zum Beispiel die „Stiva Retica". 1993 wurde für eine knappe halbe Million dieses Bijoux aus einem Erstklasswagen der Zwanzigerjahre geschaffen. Für das gediegene Interieur verwendete das Schreiner-Atelier Maissen in Trun nur hochwertiges Lärchen- und Föhrenholz. Handwerkliches Können aus dem Kanton wurde hier in die Tat umgesetzt.
Zurück zu den SBB: Konservative Bahnreisende waren schockiert, als die ersten Familienwagen heranrollten. Nicht Sprayer sondern die Bundesbahn-Werkstätten hatten den sechs EW IV die poppigen Kindergesichter verpasst. Familien schätzen das Angebot, denn sie können ihre Sprösslinge bequem vom Platz aus überwachen, wenn sie sich im Spielabteil austoben.
Die blauen Sleeperette-Wagen verkehren im Nachtsprung ins Ausland. Die neuen Fahrzeugen entstanden aus revisionsfälligen RIC Bm (Baujahre 1966-68). Die Reisenden finden in den praktisch neuwertigen Wagen jetzt mehr Ruhe und Entspannung als in den alten, unbequemen Liegewagen. Ein Hauch von Flugzeugatmosphäre mit 54 einladenden Einzelsesseln, die sich bis zu 45 Grad nach hinten schwenken lassen, umgibt die Fahrgäste.
Seit Januar 1997 verkehrt auf der schmalspurigen Brüniglinie sogar ein Snöber-Wagen. Die Innenausstattung entspricht dem Trend, denn die Sitzbänke sind aus ausrangierten Snow Boards zusammengezimmert worden. Es gibt aber auch alte Polstersessel aus der Trödelbude. Wem das aber noch immer zu wenig „einfährt", zieht sich ein Film aus der Glotze rein. Im Wagen laufen Videos für die Snöber-Generation.
Selbst für Behinderte gibt es Spezialwagen, zum Beispiel den suvaCare. Er dient vor allem behinderten Reisegruppen als ideales Fahrzeug mit automatisch ausfahrenden Rampen.

FOTO: ARCHIV LAN

Regionalverkehr Mittelland: Wie wärs mit einem Apèro im Bestro-Stübli?

Gute Reise dank guter Preise

Einblick in das Tarifsystem

Auch für das Zugfahren muss der Konsument immer tiefer in die Tasche greifen, so wurden z.B. die reduzierten Einheimischenbilletts ganz abgeschafft. Doch brachte das Jubiläumsjahr 1997 „150 Jahre Schweizer Bahnen" auch neue attraktive Fahrausweisangebote, wie das 2-Jahres-Halbtax-Abo oder die Gleis-7-Karte für Jugendliche. Für gelegentliche Bahnfahrten sind gewöhnliche Billette zu lösen, die je nach Distanz ein oder zwei Tage gültig sind. Mit dem Strecken-Abo ist man auf der gleichen Strecke (z.B. auf dem Arbeitsweg) zwölf Monate zum Preis von neun Monaten unterwegs. So ein Strecken-Abo ist auch für die Dauer von einem Monat oder einer Woche erhältlich. Wenn man oft – aber nicht regelmässig – die gleiche Strecke fährt, lohnt sich eine Mehrfahrtenkarte. Sie ist unpersönlich und damit übertragbar und verfügt über sechs Fahrten. Die Ersparnis gegenüber einem einfachen Billett beträgt 15%. Ganz unbeschwert und unabhängig ist der Reisende mit dem GA (Generalabonnement) unterwegs. Er geniesst damit ein Jahr freie Fahrt auf 18 000 km Strecke der SBB, den meisten Privatbahnen und vielen Bergbahnen. Auch Postauto, Schiff, Tram und Bus der meisten Städte und Agglomerationen können gratis genutzt werden. Das Basis-GA für Einzelpersonen kostet Fr. 2 600.- in der 2.Klasse und Fr. 4 200 .- in der 1.Klasse. Familien fahren günstiger mit dem GA-Plus Familia und für Geschäftsreisende bietet sich das übertragbare Firmen-GA an. Daneben sind vergünstigte Generalabos für Junioren, Senioren und Behinderte erhältlich. Und ein Hunde-GA kostet Frauchen oder Herrchen Fr. 650.- im Jahr. Jugendliche bis 25-jährig kommen mit der Gleis-7-Jugendkarte günstig weg. Für Fr. 99.- im Jahr geniessen sie ab 19.00 Uhr bis Betriebsschluss freie Fahrt auf dem gesamten SBB-Streckennetz. Alle Preise: Stand 1999.

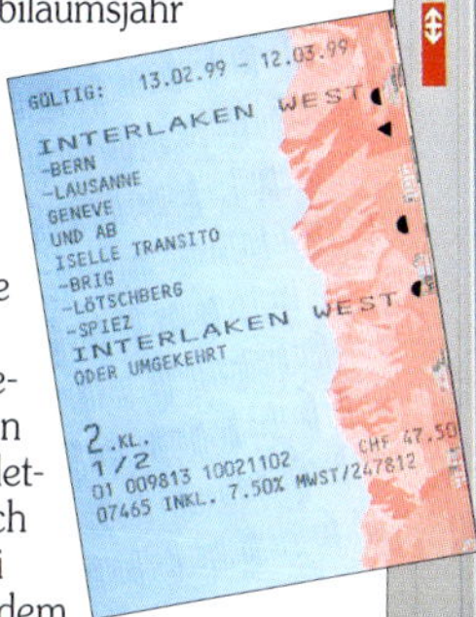

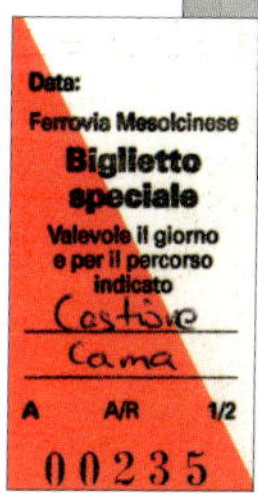

Kartonbilletts gibt's nur noch bei Nostalgiebahnen. Wir leben in der Zeit der Computertickets und -automaten.

FOTO: VALLY GOHL/BILLETTE: ARCHIV LAN

Halbe Preise: Das Ei des Kolumbus

Aktuelle Vorschläge nach altbewährtem Muster

Das erste Halbtax-Abo wurde in der Schweiz im Jahre 1890 eingeführt und hat seither viele Nachahmer in den benachbarten Ländern gefunden. Heute leistet sich jeder dritte Schweizer das Halbtax-Abo. Damit bezahlt man für alle Fahrten mit der Bahn, mit dem Schiff und den meisten Privat- und Bergbahnen nur noch die Hälfte. Das Halbtax-Abo ist auch auf dem kompletten Postautonetz gültig. Es spielt keine Rolle, ob 1.Klasse oder 2.Klasse gereist wird. Seit August 1997 bietet die Bahn neu das 2-Jahres-Halbtax-Abo an. Bald erreicht es im Verkauf die Millionengrenze. Das 2-Jahres-Halbtax-Abo kostet Fr. 222.-. Das 1-Jahres-Halbtax-Abo kostet Fr. 150.- für Erwachsene und Fr. 83.- für Jugendliche bis 16-jährig. Und für Fr. 90.- ist das Halbtax-Abo auch nur für einen Monat erhältlich. Ausländer können das Halbtax-Abo ebenfalls erwerben. Das 1-Jahres-Abo ist an jedem Bahnhof innert weniger Minuten zu bekommen. (Passfoto mitbringen!) Das 2-Jahres-Abo bestellt man am besten ca. zehn Tage vor Beginn der Gültigkeit am nächsten Bahnhof. (Passfoto in Farbe, Identitätskarte oder Pass mitbringen!) Die Bezahlung erfolgt bei der Bestellung in bar oder mittels Kreditkarte. Nach wenigen Tagen wird dann das fälschungssichere Halbtax-Abo im handlichen Kreditkartenformat per Post zugeschickt. BesitzerInnen eines Halbtax-Abos können von attraktiven Sonderangeboten profitieren. Hier erwähnt seien die Tageskarten zum Halbtax-Abo.

BILD: ARCHIV LAN

Damit kann unbeschränkt gereist werden, egal wohin und wie weit. Die Tageskarten sind auf dem gesamten Streckennetz der SBB, auf Schifffahrts- und Postautolinien sowie auf Tram- und Busstrecken gültig. Eine Einzeltageskarte, 2.Klasse, ist für Fr. 50.- zu haben. Erhältlich sind auch Multitageskarten für sechs beliebige Tage zum Preis von fünf Tagen. Ein Monat freies Reisen ist mit der Monatskarte möglich. Und die Kinder können mit einer Kindertageskarte gleichfalls günstig unterwegs sein. Familien reisen vorteilhaft mit der Familienkarte. Dieser Ausweis kostet Fr. 20.- und gewährt den eigenen Kindern von 6-16 Jahren freies Mitreisen und jenen von 16-25 Jahren Mitreisen zum halben Preis, sofern sie ledig sind und im elterlichen Haushalt wohnen.

Vielleicht interessiert sich der Bahnkunde für eine der folgenden Rail-Cards: Postcard, Visa Corner oder Eurocard. Dafür ist am Bahnschalter ein Antrag auszufüllen und schon bald können die Vorteile des Halbtax-Abos, zusammen mit jenen einer Kredit- oder Debitkarte in Anspruch genommen werden. Alle Preise: Stand 1999.

TIPP

Bei der Schweizer Post gibt's nicht nur ein gelbes Konto mit besseren Konditionen als bei vielen Bankinstituten – mit der Postcard kann man auch zum halben Preis Bahn fahren. Das bringt zwar keinen Preisvorteil, dafür spart man eine Plastikkarte, und die Gebühr für das Halbtaxabo wird erst noch automatisch dem Postchekkonto belastet. Hinten Postcard, vorne Halbtax: Damit kann man selbstverständlich an den meisten Bahnschaltern auch bargeldlos Billette kaufen oder Reisen buchen.

Der Weg ist das Ziel

Anregungen für Ferienreisende aus dem Ausland

Mit dem Swiss Travel System werden jene Reisenden angesprochen, deren ständiger Wohnsitz ausserhalb der Schweiz oder des Fürstentums Liechtenstein liegt. Ihnen werden mit der Swiss Card und mit dem Swiss Pass preisgünstige Pauschal-Fahrausweise für das individuelle und kombinierte Reisen mit Bahn, Postauto und Schiff angeboten. Dank dieser günstigen Angebote werden die grossen Klassiker der Panoramafahrten von ausländischen Touristen rege genutzt. Die Jungfrauregion scheint eine besondere Faszination auf die Feriengäste aus Japan auszuüben. Gleich scharenweise lassen sie sich auf die höchstgelegene Bahnstation Europas, auf das Jungfraujoch, 3454 m ü.M. fahren. Mit der Swiss Card erhält der Ausflügler 50% Ermässigung auf dem gesamten Jungfraubahnen-Netz. Oder günstig mit dem Postauto unterwegs sein: Auf der kontrastreichen Strecke von St. Moritz über den Malojapass nach Lugano. Oder eine Schifffahrt mit einem Raddampfer aus dem letzten Jahrhundert auf einem der zahlreichen Schweizer Seen. Und immer wieder lassen sich diese Ausflüge prima mit der Bahn kombinieren. Mit den Ausweisen des Swiss Travel Systems sind auch Eintrittsvergünstigungen für Sehenswürdigkeiten, z.B. für das Verkehrshaus Luzern erhältlich. Der Swiss Pass gewährt dem Reisegast während der von ihm gewählten Geltungsdauer unbeschränkt freie Fahrt auf dem gesamten Netz des Swiss Travel Systems. Inbegriffen sind auch Strassenbahnen und Busse in 35 Städten sowie namhafte Rabatte auf den meisten Bergbahnen. Der Swiss Pass ist für die Dauer von 4 Tagen, 8 Tagen, 15 Tagen oder 1 Monat für Erwachsene und Kinder, 1.Klasse und 2.Klasse zu haben. Mit dem Swiss Flexi Pass können die Reisenden innerhalb der 15-tägigen Geltungsdauer an drei frei wählbaren Tagen unbeschränkt auf dem Netz des Swiss Travel Systems reisen. Die BesitzerInnen einer Swiss Card fahren gratis vom Grenz- oder Flughafen-Bahnhof zu ihrem Zielort und zurück. Alle weiteren Fahrkarten für Bahn, Postauto und Schiff sind zum halben Preis erhältlich. Auch viele Bergbahnen gewähren einen Rabatt. Die Swiss Card ist ein Monat gültig. Die STS-Familienkarte ist eine unentgeltliche Zusatzleistung von Swiss Travel System, die auf Wunsch ausgestellt wird. Damit reisen die Kinder bis 16 Jahre, die zur Familie gehören, gratis. Die Bezugsstellen von Swiss Travel System sind die Flughafen-Bahnhöfe Zürich und Genf (SBB Reisebüro). Alle Angaben: Stand 1999.

FOTO: RHÄTISCHE BAHN

Reiseziel Schweiz: Ausländische Besucher dürfen eine Fahrt mit dem Bernina-Express nicht auslassen.

Traumzug Glacier bei Randa im Wallis: Ohne Sitzplatzreservierung geht hier nichts.

Ein Sitzplatz auf sicher

Reservierungen

Nicht alle Züge in der Schweiz sind reservierungspflichtig. Für die Fahrten in den Panoramazügen, beispielsweise im Glacier-Express von Zermatt nach St. Moritz, ist eine Sitzplatzreservation obligatorisch. Bei den InterCity-Zügen kann man reservieren, muss man aber nicht. Die Reservierung kostet Fr. 5.- pro Platz, Zug und Person. Man kann sich seinen Sitzplatz frühestens zwei Monate im voraus und spätestens bis am Vortag reservieren. Für die reservierten Plätze ist in der Zugkomposition je ein 1. Klasse- und ein 2. Klasse IC-Wagen vorgesehen. Im Wagen erkennt man reservierte Plätze an den Schildchen, die bei der Sitzplatznummer stecken. Wer am Bahnschalter beim Fahrkartenverkauf Plätze reservieren lässt, sollte immer angeben, ob er im Raucher- oder Nichtraucherabteil sitzen will und einen Fenster- oder Gangplatz bevorzugt. Es ist nicht möglich, Plätze in Fahrtrichtung zu reservieren, denn die Züge wechseln in Kopfbahnhöfen häufig die Richtung.

Wer einen besseren Platz findet, als den reservierten, muss natürlich nicht auf dem gebuchten Sitz bleiben. Vielleicht gibt es nebenan einen Platz mit Blick auf den See. Die schönere Seite kann bei der Reservation leider nicht berücksichtigt werden. Für Auslandreisen ist eine Platzreservation immer empfehlenswert und im Preis des Zuschlags inbegriffen. So ist im Verkehr nach Italien mit dem Cisalpino eine Platzreservation obligatorisch. Ebenfalls ist die Reise mit dem TGV Hochgeschwindigkeitszug nach Paris zuschlags- und reservierungspflichtig, hier variieren die Zuschläge je nach Wochentag und Saison. Reservierungspflicht besteht natürlich für Gruppen ab zehn Personen. Wer mit dem Verein oder mit der ganzen Schulklasse kommt und ohne Reservation einen ganzen Wagen belegt, der stösst auf wenig Verständnis beim Zugpersonal – also rechtzeitig anmelden, damit zusätzliche Wagen bereit gestellt werden können. Alle Preise: Stand 1999.

Konsumparadies Bahnhof

Die Einkaufs-, Vergnügungs-, Ess- und Trink-Eldorados

Die Bahnen investieren viel Geld, um die Bahnhöfe kundenfreundlicher zu gestalten. Und das Angebot soll beileibe nicht nur Reisende ansprechen. In den erfolgreichen Aperto-Bahnhofläden, die an 25 Bahnhöfen zu finden sind, ist Einkaufen das ganze Jahr an sieben Tagen pro Woche von früh bis spät möglich. Hier ist über Blumen, Lebensmittel und Bücher alles zu haben. Die grösseren Bahnhöfe haben sich zu belebten und beliebten Einkaufszentren entwickelt. Das „Shop-Ville" im Bahnhof Zürich zum Beispiel umfasst 94 Läden und ist das fünftgrösste Einkaufsparadies der Schweiz. Im Bahnhof Basel hat sich die Migros eingemietet, die auch sonntags ihre Tore geöffnet hält. Fast rund um die Uhr werden an den Bahnhöfen die verschiedensten Dienstleistungen angeboten: Reisebüro, Chemische Reinigung, Coiffeur-Salon, Apotheke, Hygienezentrum, Banken, Schuster, Fotokopierzentrum und Fundbüros. Neu gibt es am Hauptbahnhof Zürich einen ärztlichen Bereitschaftsdienst, der von 7.00 Uhr bis 23.00 Uhr geöffnet ist. Auch ein Fitness-Center hat sich hier niedergelassen. Die überdachten, grosszügig gebauten Bahnhofhallen in den Schweizer Städten gelten als beliebte Anziehungspunkte und werden gerne zu kleineren und grösseren öffentlichen Anlässen genutzt, z.B. der alljährliche „Christkindlimarkt" in Zürich.
Die Bahnhofgastronomie bietet Verpflegungsmöglichkeiten für jeden Geschmack. Die ursprünglichen Bahnhofbuffets, mit ihren separaten 1. Klass- und 2. Klass-Räumen, sind etwas emi-

FOTO: VALLY GOHL

Grosser Bahnhof für viele Züge. Basel ist ein Anziehungspunkt für viele.

Oben: Holzchalet-Bahnhof wie auf der Modellbahn bei Langwies in Graubünden. Unten: Gemütliches Bahnhofbuffet bei Kandersteg am Lötschberg.

Fotos: Ronald Gohl (oben), Cornelia Cadotsch (unten)

nent Schweizerisches. Schon im Jahre 1847 verfügte der Zürcher Bahnhof über ein kleines Buffet mit Küche. In der Regel bekommt man in einem Bahnhofbuffet von frühmorgens bis gegen Mitternacht Kaffee, warmes Essen und ein Bier, werktags wie sonntags. Übrigens ist nicht jedes Bahnhofsrestaurant ein Bahnhofbuffet. Erst wenn es der SBB oder einer anderen Bahngesellschaft gehört, handelt es sich um ein richtiges Buffett und davon gibt es in der Schweiz z.Zt. 140. Bahnhofbuffets standen lange Zeit in dem guten Ruf – quer zu den gängigen Gastro-Trends – ihren regionalen Charakter zu bewahren. In ganz unscheinbaren Bahnhofwirtschaften finden sich oft einheimische Spezialitäten auf der Speisekarte und es werden Weine aus der Gegend ausgeschenkt. Doch die Refugien sind in Gefahr. Heute wird nicht mehr gemütlich gereist. Taktfahrpläne haben Umsteige- und Wartezeiten auf den Bahnhöfen stark verkürzt. Oft reicht es nur noch für ein Sandwich vom Buffetkiosk. Die lukrativeren Expressbuffets und die Kiosks mit Stehbar vertreiben langsam aber sicher die weniger rentablen Bahnhofbuffets. Bereits steigen Kettenbetriebe in das Gewerbe ein, so wurden die ersten Mc Donald`s Restaurants in SBB Bahnhöfe integriert.

Vom Dienst am Bahnkunden

Komfortabel reisen – auch dank der Möglichkeit zur Gepäckaufgabe

Jeden Tag befördern die SBB im Schnitt 724 000 Reisende, also über einen Zehntel der Schweizer Bevölkerung. Für diese Bahnkunden zählt neben der Geschwindigkeit auch der Komfort und der Service. Aller Technisierung zum Trotz, wird der persönliche Kontakt zur Kondukteurin und zum Kondukteur noch heute ausserordentlich geschätzt. Die ZugbegleiterInnen kontrollieren und verkaufen Fahrscheine (Preisaufschlag, mindestens Fr. 6.-) und sie geben hilfsbereit Auskunft über Ankunfts- und Abfahrtszeiten, Umsteigemöglichkeiten oder Gleisänderungen. Das elektronische Zugpersonalgerät leistet ihnen dabei gute Dienste.

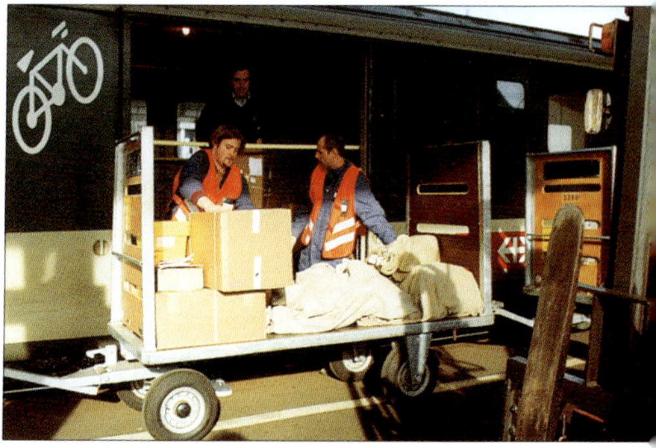

Damit reisen nicht zur Tortur wird, überlässt man das Gepäck am besten der Bahn.

Durstige oder hungrige Reisende erwarten oft mit Ungeduld die rollende Minibar, die in den meisten Schnellzügen unterwegs ist. Das leckere Angebot besteht aus kalten und warmen Getränken, sowie Gipfeli, täglich frisch zubereitete Sandwiches, Snacks und Süssigkeiten. Natürlich sind auf den Schweizer Schienen auch die klassischen Speisewagen unterwegs. Kinder können in den beliebten Familienwagen nach Herzenslust herumtollen und sich dort die Reisezeit auf der Rutschbahn verkürzen und mit Legos, Bauklötzen und Bilderbüchern ihre Langeweile vertreiben. Auch für Rollstuhlfahrer steht dem Reisen nichts im Weg. An rund 150 Bahnhöfen können sich Behinderte im Roll-

TIPP

Komfortabel reisen kann man auch mit dem Auto auf dem Zug – zum Beispiel während einer Fahrt durch den Lötschbergtunnel. Auf dem Weg in den Süden stellt sich die mächtige Barriere der Berner Alpen in den Weg. Doch Kandersteg ist keine Sackgasse. Dort wo die Autostrasse endet, fährt man huckepack auf dem Spezialtransporter der BLS Lötschbergbahn weiter. Einfach auf den Zug fahren, Handbremse anziehen und los gehts durch den 14,6 km langen Tunnel. Man kann dabei sogar im Auto sitzen bleiben.

Stilvoll speisen: In Zeiten von Fastfood und Imbissbuden sind diese Angebote wieder gefragt.

FOTOS: VALLY GOHL (OBEN), ARCHIV LAN (UNTEN)

Rollende Minibar: Essen und Trinken kommen an den Platz.

stuhl per Mobilift (bitte unbedingt eine Stunde vor Abfahrt telefonisch beim Einsteigebahnhof anmelden) in den Zug hieven lassen. Fast alle Schnellzüge führen Zweitklasswagen mit einem Rollstuhlabteil. Klimaanlagen sind bei der Ausstattung der Fernverkehrszüge heute selbstverständlich, während Telefone nur hie und da zu finden sind.

„Wohin bloss mit meinen Siebensachen?“ Diese Frage kann während der Hauptreisezeit – und besonders in den engen IC-Doppelstock-Reisezügen – berechtigt sein. Die Suche nach genügend Stauraum ist lästig und anstrengend. Auch das Umsteigen mit mehreren Gepäckstücken kann zur Tortur werden. Deswegen ist es ratsam, das Gepäck separat auf die Reise zu schicken. Koffer und Taschen können an Schweizer Bahnhöfen für Fr. 10.- je Stück aufgegeben werden. Ohne Zugbillett muss der vierfache Preis für die Gepäckaufgabe gezahlt werden. Zum gleichen Tarif spediert die Bahn auch Skier, Skischuhe und Snowbards, dafür werden gratis Schutzhüllen abgegeben. Damit das Gepäck zur rechten Zeit beim Zielort eintrifft, sollte man es am besten 24 Stunden vor Abreise am Gepäckschalter abgeben. Es steht dem Reisenden offen, eine Versicherung gegen Verlust und Beschädigung während des Transportes abzuschliessen. Gruppengepäck wird für Fr. 8.- je Stück transportiert. Flugreisenden steht der Fly-Rail-Gepäckservice zur Verfügung. An 116 Schweizer Bahnhöfen kann das Fly-Gepäck (max. 32 kg je Stück) via Flughafen Zürich, Genf oder Basel bis zum Flugziel aufgegeben werden. Alle Preise: Stand 1999.

Fotos: Vally Gohl (2)

Das Angebot ist vielfältig: Selbst Mc Donalds ist im Speisewagengeschäft.

Mit dem Velo im Huckepack

Tipps für Transport und Freizeit

Die landschaftlichen Schönheiten der Schweiz lassen sich auch gut mit dem Velo entdecken. Velofahren – übrigens der Schweizer Ausdruck für „Rad Fahren" oder „Radeln" – macht Spass und fördert zudem noch die Gesundheit. Am 30. Mai 1998 wurde das Veloland Schweiz ins Leben gerufen. Es umfasst neun Routen und 3300 km signalisierte Radwanderwege durch das ganze Land. Von der vergnüglichen Spazierfahrt wie beispielsweise der Berner Mittelland-Tour entlang der Aare von Bern nach Biel bis zu den gebirgigen Routen für sportliche Mountainbikefahrer wie die Engadiner Tour von St. Moritz nach Scuol ist alles möglich. Dabei wartet die Bahn mit einem attraktiven Velo-Transportangebot auf. Das vereinfacht nicht nur die Hin- und Rückreise, sondern man kann auch verschiedene Routen mit den Transportangeboten (Bahn, Schiff) miteinander verknüpfen.

Für den Velotransport per Selbstverlad stehen bei den Schweizerischen Bundesbahnen SBB und den meisten Privatbahnen Gepäckwagen oder gekennzeichnete Personenwagen zur Verfügung. Eine Tageskarte für den Veloselbstverlad kostet Fr. 10.- mit Halbtax-Abo oder GA, ansonsten Fr. 15.-. Es gibt auch eine Multitageskarte mit zwölf Feldern für Fr. 120.-. Der Velopass für ein Jahr ist mit Halbtax-Abo/GA für Fr. 195.- erhältlich. Mit Velopass und Familienkarte reisen die Velos der Kinder gratis und die Rent-a-Bike Angebote sind 20% günstiger. Wer bequemer unterwegs sein möchte, kann das Velo, am besten 24 Stunden vor der Abreise, der Bahn zum

Foto: Foto-Service SBB

Velo selber in den Doppelstöcker ein- und ausladen – noch einfacher gehts nicht!

Transort übergeben. So reist man sorgenlos und kann das Velo am Zielort wieder in Empfang nehmen. Mit Zugbillett beläuft sich der Veloversand für ein Standardvelo auf Fr. 12.-, ohne Zugbillett auf Fr. 48.-. Es empfiehlt sich für den Veloversand eine Transportversicherung abzuschliessen. Wer sein Velo zerlegen und verpacken möchte, erhält an allen grösseren Bahnhöfen eine Transporttasche (TranZBag) und nimmt es gratis als Handgepäck mit. Wenn die Tour zu einem ganz unbeschwerten und unkomplizierten Erlebnis werden soll, mietet man am besten bei der Firma Rent-a-Bike ein Velo. An rund 230 Bahnhöfen warten tadellos funktionierende, saubere Räder. Das Angebot besteht aus Countrybikes, Mountainbikes und Kindervelos verschiedener Grössen. Die Besitzer eines GA's oder eines Halbtax-Abo's profitieren von ermässigten Velomietpreisen. So kostet ein Countrybike pro Tag Fr. 19.- mit Halbtax-Abo/GA und Fr. 25.- ohne Abo. Kindersitze sind pro Tag für Fr. 4.- zu haben (nur für Countrybikes). Die Familienpauschale mit der SBB-Familienkarte beinhaltet zwei Countrybikes sowie je ein Velo oder Kindersitz pro Kind unter 16 Jahren und ist für Fr. 45.- pro Tag erhältlich. Es werden für alle Velotypen auch 1/2 -Tages-Tarife und Wochenpauschalen angeboten. Ein Tipp für die Reservierung: Einzelvelos bestellt man am besten 24 Stunden und Velos für Gruppen sieben Tage vor Mietbeginn am jeweiligen Bahnschalter. Alle Preise: Stand 1999.

Foto: Ronald Gohl

Velo-Traumland Schweiz: Der nächste Bahnhof ist nie weit – die Züge als Begleiter.

FOTO: FOTO-SERVICE SBB

Re 460 018 „Mobility“ wirbt für CarSharing – Bahn und Mietauto.

Und ewig lockt das Automobil

Mietwagen im Angebot

In den USA arbeiten Amtrak und verschiedene Autovermietungsgesellschaften schon seit vielen Jahren zusammen. Wer in Amerika mit dem Zug fährt, kann sich selbst in abgelegenen Provinzbahnhöfen eine Auto reservieren lassen. Manchmal wird der Mietwagen sogar zum Bahnhof gefahren und die zuständige Person wartet selbst verspätete Züge ab. Auch in Frankreich haben Avis und SNCF einen Kooperationsvertrag. Wenn mal keine Vertretung mit Schalteröffnungszeiten vor Ort ist, übergibt der Bahnhofsvorstand die Fahrzeugschlüssel. In der Schweiz war hingegen der Mietwagen am Bahnhof lange kein Thema.

Dort, wo die Leistungsfähigkeit des öffentlichen Verkehrs aufhört, kann aber nur noch ein individuelles Fahrzeug helfen. In diesem Fall bietet sich CarSharing an: Ein Auto zu benutzen, ohne es zu besitzen. Die Idee, Mobilität nach Herzenslust kombinierbar zu machen, wurde in der Schweiz am 1. September 1998 dank der neuen Partnerschaft von SBB und Mobility CarSharing verwirklicht. Die Reisenden haben mit der neuen kombinierten Mobility Rail Card 444 die Möglichkeit, zwei Jahre lang die Mobility Mitgliedschaft sowie den Zugang zu Bahn, Bus und Schiff zum halben Preis zu nutzen. Auch das Halbtax-Abo oder das GA ist mit der Mobility Card ergänzbar. BesitzerInnen eines SBB Abos zahlen bei Mobility eine reduzierte Jahresgebühr. Dieses neue Abo 444 erfreut sich in der Bevölkerung grossen Zulaufs. Bis Ende 1998 verzeichnete Mobility aufgrund der neuen Zusammenarbeit mit den SBB 4620 neue Kunden. An ungefähr 250 Bahnhöfen und 700 weiteren Standplätzen warten die roten Mobility-Autos. Sie sind rund um die Uhr per Telefon oder Internet reservierbar und sofort in Selbstbedienung abholbereit. Die Wagenflotte besteht aus 1100 Fahrzeugen verschiedenster Wagengrössen und Wagentypen. Von einem Cabrio oder

einer Limousine über einen Caravan bis zu einem Transporter oder Bus ist alles zu haben. Bis zum Jahr 2000 soll die gesamte Mobility-Fahrzeugflotte mit einem Bordcomputer ausgerüstet werden. Der Nachteil bei Mobility ist, dass neben dem Kilometertarif auch ein Stundentarif verrechnet wird und somit längere Fahrten recht teuer werden. Ausserdem muss der Wagen immer an den Standort zurückgebracht werden, an dem er geholt wurde. Reservation für Mobility-Autos: Tel. 0848/82 48 12.
Für Einwegfahrten und für längere Ferienfahrten mit Mietwagen bietet auch die Firma Hertz ihre Dienste an. GA- oder Halbtaxabo-InhaberInnen profitieren von 20% Vergünstigungen bei den Automieten. Eine Fahrzeugübernahme und -rückgabe ist gegen Gebühr an 31 Bahnhöfen möglich. Die Firma Hertz stellt auch einen Heimlieferdienst zur Verfügung, d.h. ab Fr. 35.- kommt das gewünschte Mietauto zu den Reisenden nach Hause. Mindestmietdauer ist ein Tag. Gegen Gebühr und auf Vorbestellung sind auch mobile Telefone, Kindersitze und Skiträger erhältlich. Reservation für Hertz: Tel. 0848/81 10 10.
Auch in der Schweiz mit dem engmaschigen Schienennetz besteht für Mietautos eine grosse Nachfrage – aber häufig in Ergänzung zum öffentlichen Verkehr. Alle Preise: Stand 1999.

TIPP

Werbung auf Lokomotiven ist ein Produkt der Neunzigerjahre. Damit erreicht man nicht nur Eisenbahnfans sondern gleichzeitig auch alle Bahnreisenden. Mit der Re 460 018 „Mobility" wirbt die SBB für ihr CarSharing-Produkt. Die Maschine aus der Lok 2000-Familie ist 230 km/h schnell und verfügt über eine Stundenleistung von 6100 Kilowatt. Wenn ein Privatkunde auf einer Lok Werbung machen will, blättert er dafür eine Viertelmillion hin, hinzu kommt die Folienverkleidung und das Lackieren der Lok für etwa 100 000 Franken.

Foto: Foto-Service SBB

CarSharing mit den SBB. Caravan oder Cabrio für 444 Franken im Jahr.

2.

Die 7 schönsten Fern-strecken

RABe 1054 der SBB als EC 57 „Gottardo“ bei Lavorgo in der Leventina.

FOTO: HEINZ SIGRIST

Kehrtunnels und Klimaschock

Gotthard: Basel–Chiasso

Der Rhein wendet sich in Basel in einem grossen Bogen nach Norden und bildet im Dreiländereck die Grenze zwischen Deutschland, Frankreich und der Schweiz. Basel ist eine internationale Eisenbahnstadt mit drei Bahnhöfen von drei Bahngesellschaften. Im Badischen Bahnhof werden die Züge der Deutschen Bahn AG abgefertigt, der SBB-Bahnhof ist Ausgangspunkt für drei wichtige Bahnlinien: durchs Birstal nach Delémont, durchs Fricktal nach Zürich und durch den Hauenstein nach Bern und Luzern. Dritter im Bunde ist der französische Grenzbahnhof, wo leider sehr zum Ärger der Basler noch immer kein TGV in Richtung Paris fährt.
Auch die Reise in den Süden beginnt im Bahnhof SBB, der zur Zeit eine weitere Ausbauetappe erlebt. Wir fahren mit dem InterCity oder einem deutschen EuroCity zunächst in Richtung Olten. Für Eisenbahnfans interessant ist Muttenz – leider nicht Schnellzugshalt. Hier befindet sich einer der grössten Rangierbahnhöfe der Schweiz. In Liestal, dem Kantonshauptort von Baselland, halten einige InterCity-Züge. Hier könnten wir

INFO

Anreise: Basel erreicht man mit EC und IC von Zürich und Deutschland aus. **Fahrplanfelder:** 500, 510 und 600. **Streckenlänge:** 321 km pro Weg. **Fahrzeit:** 4 h 58 min bis Chiasso im IC. **Reservationen:** fakultativ. **Verkehrszeiten:** das ganze Jahr. **Besonderes:** Direkte Züge Basel–Locarno. **Spurweite:** 1435 mm.

Triebfahrzeuge: Am Gotthard kommen vor Personenzügen meist Lokomotiven des Typs Re 6/6 und Re 460 (Lok 2000), die „Schwerarbeiter“ der SBB, zum Einsatz.

Info: Rail-Service 157 22 22

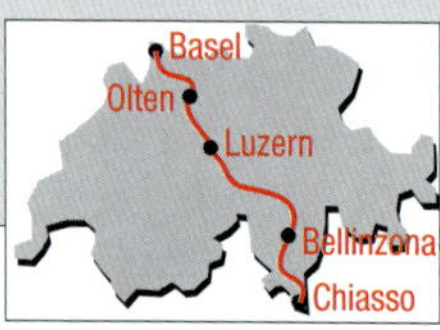

ins „Waldenburgerli" umsteigen, das auf schmaler Spur (750 mm) durchs Frenkental fährt. Weil die Reise ins Tessin rund fünf Stunden dauert, bleibt uns für diesen Abstecher kaum genügend Zeit. Sissach und Gelterkinden heissen die nächsten grösseren Orte im Kanton Baselland. Bei Tecknau verschwindet der Zug im Hauensteintunnel. Der 8134 m lange Juradurchbruch konnte im Januar 1916 in eröffnet werden. Von der Hauenstein-Basislinie wurde damals eine Belebung des Verkehrs erwartet. Doppelspur und eine geringere Maximalsteigung von nur 10,5 ‰ im Vergleich zu 26,4 ‰ (Alter Hauenstein) erfüllten die Erwartungen vollumfänglich. Der Bahnknoten Olten liegt bereits im Kanton Solothurn. Hier treffen die national wichtigen Bahnlinien von Basel, Zürich, Solothurn, Bern und Luzern zusammen. Wir fahren nach kurzem Halt weiter nach Luzern. Die Reise führt über Zofingen und später dem Sempacher See entlang weiter in Richtung Süden. Im Herbst und Winter liegt in dieser Region oft wochen-, ja sogar monatelang dicker Nebel. Bei Emmenbrücke fährt der Zug in einem grossen 180-Grad-Bogen in die Stadt Luzern ein. Der Bahnhof am See wird durch den Gütschtunnel erreicht. In Luzern muss die Lok gewechselt werden, denn es handelt sich um einen sogenannten „Kopfbahnhof". Die Züge verlassen die Stadt in der gleichen Richtung, in der sie gekommen sind. Gleich am Ausgang des Bahnhofs trifft man auf Sehenswürdigkeiten wie die Kapellbrücke, den Vierwaldstätter See oder die fünf historischen Raddampfer. Der alte Bahnhof von Luzern brannte übrigens am 5. Februar 1971 bis auf die Grundmauern nieder. 20 Jahre später konnte auf den Tag genau das neue Gebäude mit seiner transparenten Fassade in Betrieb genommen werden. Die Züge fahren auf den um 30 m verlängerten Gleisen praktisch bis in die Stadt.

Fotos: Ronald Gohl, Beat Bruhin (Seiten 52/53)

Kurz nach dem Gütschtunnel zweigt der Zug auf seinem weiteren Weg in Richtung Süden rechts ab. Nach der Reussbrücke folgt schon der nächste Tunnel auf der nun eingleisigen Strecke. Auf der rechten Seite entdecken wir vielleicht kurz das Verkehrshaus der Schweiz, dann gehts auch schon weiter über Immensee und Küssnacht an den Zuger See. Nächster wichtiger Verkehrsknoten ist Arth-Goldau. Von hier aus könnten wir mit der Zahnradbahn auf die Rigi fahren. In Arth-Goldau vereinigen sich aber auch die Linien nach Zug und Zürich sowie nach Pfäffikon (Schweizerische Südostbahn). Wir befinden uns nun bereits auf der Gotthardroute, auf der rechten Seite erscheint der Urner See – die Geburtsstätte der Eidgenossenschaft, das Rütli, befindet sich gleich vis-a-vis. In Erstfeld sind die

Verwirrende Kehrschleifen bei Wassen – einmal fährt der Zug taleinwärts, dann wieder talauswärts.

Sonderzug mit drei „Krokodilen" vom 14. September 1997 nach Biasca in der Leventina.

kraftvollen Gotthardlokomotiven und zahlreiche historische Fahrzeuge beheimatet. 1881 konnte die wichtige Nord-Süd-Achse in Betrieb genommen werden. Zu den berühmtesten Gotthard-Schwerarbeitern gehörten so legendäre Maschinen wie die „Krokodile", die Ae 8/14, die Ae 4/6 oder die Ae 6/6 mit den Zierstreifen. Zur Zeit erbringt das Kraftpaket Re 4/4 III+Re 6/6 zusammen eine Stundenleistung von 12600 kW.

Es folgt nun Tunnel an Tunnel. Besonders berühmt sind die Kehrschleifen von Wassen. Das Kirchlein kann man dreimal hintereinander sehen, jedesmal von einer anderen Seite und ein Stück höher. Die Gesamtlänge aller 52 Tunnels auf der Gotthardstrecke beträgt über 40 km. Bei Göschenen verabschiedet sich der Zug von der Nordschweiz. 14900 m trennen ihn noch vom Tessin. Zwei Welten treffen hier aufeinander. Oft scheint auf der anderen Seite die Sonne, während es in der Nordschweiz regnet. Doch der Klimaschock erwartet die Reisenden fast immer in entgegengesetzer Richtung. Wir freuen uns indess auf den sonnigen Süden. Je weiter wir von Airolo die Leventina hinunterfahren, desto wärmer wird es. Noch einmal gilt es einige Kehrtunnels zu durchqueren bis der Zug in Bellinzona, dem Tessiner Kantonshauptort hält. Hier zweigen die Linien nach Locarno und Luino (Italien) ab. Zwischen Bellinzona und Lugano liegt ein weiterer Pass. Es geht also vorerst wieder aufwärts zum Monte Ceneri. Die Talfahrt nach Lugano ist kaum spürbar, die Aussicht auf das Industrietal wenig attraktiv. Umso schöner ist Lugano mit seinen Arkaden und Seepromenaden. Vielleicht sollte man schon hier die Reise beenden – oder wirklich bis nach Chiasso an der italienischen Grenze fahren?

FOTO: ARCHIV LAN

BLS-InterCity mit Re 465 001 auf dem 285 m langen Kanderviadukt bei Frutigen.

Die private Alpentransversale

Lötschberg: Spiez–Brig

INFO

Anreise: Spiez erreicht man mit EC und IC von Basel bzw. Zürich via Bern, von Luzern gelangt man über Thun nach Spiez. **Fahrplanfeld:** 300. **Streckenlänge:** 101 km pro Weg. **Fahrzeit:** 60 min bis Brig. **Reservationen:** fakultativ. **Verkehrszeiten:** das ganze Jahr. **Besonderes:** Wanderrouten entlang der Bahn auf der Nord- und Südrampe (vergl. Seiten 188/189. **Spurweite:** 1435 mm.

Triebfahrzeuge: Der Lötschberg stellt besondere Anforderungen an die Triebfahrzeuge, denn es gilt eine max. Steigung von 27 ‰ zu bewältigen. Zum Einsatz kommen 18 blaue Re 465 der BLS sowie die roten Re 460 der SBB. Aber auch die 35 braunen Re 4/4 Nr. 161-195 können beobachtet werden.

Info: BLS 031/327 27 27

Die Reise von Basel nach Interlaken im Berner Oberland wird detailliert auf den Seiten 70-74 beschrieben. Hier widmen wir uns der Lötschbergachse, die von Spiez aus über Frutigen und Kandersteg nach Brig führt. Die Strecke ist besonders reich an Kunstbauten. Atemberaubende Viadukte, Tunnels und Lawinengalerien ziehen am Wagenfenster vorbei. Bis ins Jahr 1992 konnte der Lötschberg nur einspurig befahren werden. Der Doppelspur-Ausbau war am Lötschberg unausweichlich, denn der Transitauftrag auf der Schiene wuchs in den letzten Jahrzehnten ständig. 14 Jahre lang dauerten die Ausbauarbeiten zwischen Spiez und Brig. Das Landschaftsbild litt durch den Doppelspurausbau nur wenig. Naturnah gestaltete Böschungen und Brücken aus Natursteinen erforderten nur ein Minimum an Eingriffen in die Natur. Pionierarbeit leisteten aber auch die weitblickenden Erbauer um die Jahrhundertwende. Sie legten auf der 37 km langen und am 15.

Juli 1913 eröffneten Strecke bereits die Fundamente für den späteren Doppelspur-Ausbau. Auch die Tunnelprofile ermöglichten einen problemlosen Ausbruch. Durch den Scheiteltunnel verkehrten die Züge übrigens von Anfang an doppelspurig. Aufsehen erregte damals nicht nur der 14612 m lange Tunnel, sondern auch der von anfang an elektrische Betrieb mit den 2500 PS starken Lokomotiven des Typs Be 5/7. Auf der 101 km langen Reise von Spiez nach Brig durchfährt der Zug nicht weniger als 51 Tunnels mit einer Gesamtlänge von 38961 m. Hinzu kommen elf Lawinengalerien mit einer Länge von 830 m. In die Schutzbauten musste die BLS Lötschbergbahn AG seit ihrem Bestehen viele Millionen Franken investieren, um die Strecke auch in strengen und schneereichen Wintern betriebssicher zu halten.
Nachdem der Zug den vor kurzem ausgebauten und modernisierten Bahnhof Spiez verlassen hat, durchfährt er schon den ersten Tunnel, der ins Kandertal abzweigt. Dem Flusslauf folgend gehts zunächst ziemlich unspektakulär bis Frutigen weiter. Dort folgen dann die bahntechnischen Sehenwürdigkeiten Schlag auf Schlag. Zunächst der 285 m lange Kanderviadukt, auf dem der Talboden überquert wird. Bei Blausee wendet der Zug in einer grossen Schleife und beginnt seinen Aufstieg nach Kandersteg. Ein weiterer Kehrtunnel bringt den nächsten Richtungswechsel und nach einem meist kurzen Halt im Ferienort verschwinden wir im Lötschbergtunnel. Goppenstein liegt bereits im Wallis und wäre Ausgangspunkt für einen Ausflug ins Lötschental (Postauto). Wir fahren indess durch Lawinengalerien und erreichen bei Hohtenn die Lötschberg-Südrampe. Der Zug durchfährt keine Kehrschleifen mehr, verliert aber stetig an Höhe, bis wir nach zahllosen Tunnels und Viadukten endlich den Talboden bei Brig erreicht haben. Hier ginge es durch den Simplon weiter nach Italien.

Fotos: Ronald Gohl, Archiv Lan (Seiten 56/57)

Re 4/4 Nr. 167 auf dem ausgebauten Baltschiederviadukt auf der Südrampe.

Auch Re 460 (Lok 2000) kommen vor Güterzügen in Mehrfachtraktion zum Einsatz.

FOTO: CISALPINO AG

Mehrere Cisalpino am Tag verbinden Domodossola mit Lausanne und Bern.

Durch den längsten Bahntunnel

Simplon: Brig–Domodossola

Als längster Eisenbahntunnel der Schweiz gilt der Simplon. Die längere der beiden Röhren misst 19 823 Meter.

INFO

Anreise: Brig wird von Bern aus über den Lötschberg erreicht, von Lausanne aus besteht eine Verbindung durchs Rhonetal. **Fahrplanfeld:** 100.3. **Streckenlänge:** 32 km pro Weg. **Fahrzeit:** 30 min bis Domodossola. **Reservationen:** fakultativ, im Cisalpino obligatorisch. **Verkehrszeiten:** das ganze Jahr. **Besonderes:** Schweizer Regionalzüge bedienen italienische Provinzbahnhöfe. **Spurweite:** 1435 mm.

Triebfahrzeuge: mehrere Cisalpino, daneben auch IC, EC und Regionalzüge.

Info: Rail-Service 157 22 22

Der Tunnel wurde unter grossen Schwierigkeiten wie heisse Quellen und bis über 50 Grad ansteigende Lufttemperatur in den Jahren 1898-1905 erbaut. Die Betriebseröffnung der Simplonbahn (Brig–Iselle–Domodossola) erfolgte 1906. Sie verbindet das obere Rhonetal mit Norditalien, indem sie in dem 19 803 m langen Simplontunnel I den Osthang des Monte Leone unterfährt. Der Scheitelpunkt der Bahn liegt auf 706 m Höhe. In den Jahren 1912-1922 wurde ein Paralleltunnel für ein zweites Gleis angelegt. Am 16. Oktober 1922 fand die Eröffnung des um 20 m längeren Simplontunnels II statt. So berühmte Züge wie der Simplon-Orient-Express verdanken ihren Namen der neuen Verbindung von Paris über Lausanne nach Mailand (und weiter via Venedig, Triest, Belgrad, Sofia nach Konstantinopel).

Schon bei Betriebseröffnung wurde die Strecke elektrisch betrieben. Von Anfang an standen zwei elektrische Leihlo-

BLS LÖTSCHBERGBAHN AG

Sonnenstube Stresa: Hier kommt zwischen Palmen und See Ferienstimmung auf.

komotiven aus Italien zur Verfügung, sie wurden mit Drehstrom von 3000 Volt Spannung und 16,7 Hz Frequenz gespiesen. Weil die beiden Loks für den Tunnelbetrieb nicht immer ausreichten, verkehrten gelegentlich auch Dampflokomotiven durch den fast 20 Kilometer langen Tunnel. Auch der Simplon-Express fuhr mit Dampf durch den Simplon, um sich den zweimaligen Umspannaufenhalt vor und hinter dem Tunnel zu ersparen.

Noch heute besorgen die SBB den Betrieb bis Domodossola. Schweizer Regionalzüge bedienen italienische Provinzbahnhöfe wie Iselle di Trasquera, Verzo oder Preglia. Viel Schweiz erlebt man auf der etwa 30 Minuten dauernden Fahrt nach Domodossola nicht gerade. Schon wenige hundert Meter nach der Ausfahrt aus dem Bahnhof Brig verschwindet der Zug im Simplontunnel. Die Grenze befindet sich etwa nach einem Drittel der Tunnellänge. Iselle gehört bereits zu Italien. Die Pass- und Zollkontrollen finden meist während der Tunnelfahrt statt. Beliebte Verbindungen in den Süden sind die mehrmals täglich fahrenden Cisalpino-Neigezüge. Die neun Triebzüge vom Typ ETR 470 gehören einer schweizerisch-italienischen Aktiengesellschaft, an welcher die SBB, die BLS und die FS beteiligt sind. Das Val Divedro am Südende des Simplons vermittelt richtig südländisches Ambiente – welch ein Kontrast zur Walliser Stadt Brig. Zwischen Iselle und Varzo durchfährt der Zug ein Kehrtunnel – die Aussicht ist nicht spektakulär, die Reise dennoch lohnend. In Domodossola kann man in die Centovalli-Bahn umsteigen, die über Camedo nach Locarno fährt; die schnellste Verbindung von Bern ins Tessin! Aber auch wer noch weiter in den Süden will, wird nicht enttäuscht. In Domodossola steigt man entweder in einen italienischen Zug um, oder man bleibt im Cisalpino sitzen. Nächster sehenswerter Ort ist Stresa am Lago Maggiore. Mit seinen Boromee-Inseln ist das kleine Städtchen weltberühmt geworden. Oft liegt in Brig noch viel Schnee, während in Stresa – etwa eine Stunde weiter südlich – schon die Tulpen blühen. Die Natur hat sich ganz auf das mediterane Klima eingestellt – überall wachsen Palmen und südländische Pflanzen. Wegen der guten Bahnverbindung eignet sich Stresa als auch Ziel für das Wochenende.

FOTO: FOTO-SERVICE SBB

TCS-Werbelok Re 460 022-7 in der Westschweiz: Abzweigung nach Vallorbe.

Durch die Klus an den Genfer See

Jura: Basel–Lausanne

Das fünf-flüglige, gewölbte Glasdach des Basler Bahnhofs stammt aus dem Jahre 1907. Heute historisches Bahndenkmal, kommt es seit dem Neubau der Basler Post nicht mehr so richtig zur Geltung. Und bereits entsteht ein neues gigantisches Bauwerk, das die gesamte Bahnhofsanlage erneut verändert. Eine neue Passarelle soll nun auch auf der Ostseite den Blick auf die ursprüngliche Eisenkonstruktion verwehren. Bereits im Jahr 2001 wird der neue Basler Bahnhof in Betrieb genommen.

Die Reise von Basel durch das Birstal und den Jura zum Neuenburger See und weiter bis an den Genfer See gilt unter Bahnkennern als „Leckerbissen".

Das erste Teilstück Basel–Delémont–Biel wurde in den Jahren 1875-1915 eröffnet. Nur wenige Kilometer südlich von Basel erreignete sich 1891 eines der grössten Eisenbahnunglücke der Schweiz. Ein voll besetzter Extrazug der Jura–Simplon-Bahn brachte am 14. Juni die vom französischen Ingenieur Gustave Eiffel erbaute Birsbrücke bei Münchenstein zum Einsturz. Das Unglück kostete 71 Menschenleben.

INFO

Anreise: Basel wird von Zürich, Luzern und Bern mit dem IC oder EC erreicht. **Fahrplanfelder:** 230, 210 und 200. **Streckenlänge:** 188 km pro Weg. **Fahrzeit:** 2 h 16 min bis Lausanne. **Reservationen:** fakultativ. **Verkehrszeiten:** das ganze Jahr, direkte Züge Basel–Genf. **Besonderes:** landschaftlich abwechslungsreiche Strecke mit vielen Highlights. **Spurweite:** 1435 mm.

Triebfahrzeuge: InterCity-Neigezüge verkehren ab 1999 auf der Jurasüdfuss-Linie Lausanne–Biel, später auch nach Basel.

Info: Rail-Service 157 22 22

FOTO: BEAT BRUHIN

Klus vor Roches mit zwei Krokodilen (Be 6/8 III 13302 und 13303).

Re 4/4 II mit Bieler See, fotografiert oberhalb von La Neuveville.

Heute nimmt man die kurze Birsbrücke kaum wahr. Die Strecke ist nur bis Aesch zweigleisig ausgeführt. Danach gehts mit Streckenblöcken gesichert weiter über Grellingen und Laufen nach Delémont. Dabei wird gleich mehrmals die Birs überquert. Mehrere Burgen können während der Reise entdeckt werden, beispielsweise das Schloss Angenstein, unter welchem kurz nach Aesch sogar ein Tunnel hindurchführt. In Laufen, wo die meisten Züge halten, fliesst die Lützel in die Birs. Nach Westen öffnet sich das Tal zum Passwang hin. Bis Delémont fahren wir durch eine schöne, fast unberührte Flusslandschaft. Der defizitäre Regionalverkehr ist seit 1993 hier eingestellt. Delémont ist vorwiegend katholisch und wurde bereits im 7. Jahrhundert gegründet. Für Eisenbahnfans sehenswert ist die „Rotonde", ein 1889 nach französischem Vorbild erbauter Ringlokschuppen. Diese inzwischen selten gewordenen BWs stellen eine idustriearchitektonische Rarität dar. Das Gebäude wurde ähnlich wie der Eiffelturm in Eisenkonstruktion gebaut und dabei vollständig genietet. In Delémont wechselt der Zug die Richtung. Eine neue Lok zieht uns durch die wilde Münsterschlucht nach Moutier. Hier fahren wir durch die Klus, worunter man so viel wie der enge Einschnitt durch eine Jurakette versteht. Im Gegensatz zu Delémont ist Moutier vorwiegend protestantisch. Der Zug fährt

Foto: Roger Haueter

nach kurzem Halt durch den 8576 m langen Grenchenbergtunnel. Die 1914 fertiggestellte Linie gehört der BLS-Lötschbergbahn AG. Sie wurde einst als Zufahrt Delle–Biel–Lötschberg gebaut, dient heute aber vorwiegend den SBB-Zügen der Juraroute Basel–Lausanne. Die Bahnlinie Biel–Solothurn–Olten wird nach der Ausfahrt aus dem Tunnel auf einem grossen Viadukt überquert und nach einer guten Stunde Fahrt hält der Zug in Biel/Bienne. Zwei Standseilbahnen führen von der Stadt aus auf die Jurahöhen. Seine Blüte hatte Biel zur Zeit der industriellen Revolution. Doch noch heute ist die Stadt im Kanton Bern ein beliebter Handelsplatz und bekannt für seine Uhrenindustrie (Swatch). Jetzt beginnt der schönste Teil der Reise, denn zwischen Biel und La Neuveville folgt der Zug dem Seeufer. Rechts steile Rebberge, links das Wasser, zwischendurch romantische Winzerdörfer. Nächster wichtiger Halt ist Neuchâtel. Neuenburg, wie man auch sagt, ist nicht bloss ein weiteres Uhrenstädtchen mit hässlichen Fabrikgebäuden – hier wird viel Kultur und schöne Architektur geboten. Schloss und Stiftskirche bilden zwei der bedeutendsten Baudenkmäler der Schweiz.. Doch auch die Bildung kommt am Jurasüdfuss nicht zu kurz, seit 1909 ist Neuchâtel Universitätsstadt. In Physik, Elektronik und Mikrotechnik kommt dem Studienzentrum eine Pionierrolle zu. Seit 1910 führt eine kleine Standseilbahn die Hänge des Neuchâteler Hausbergs Chaumont hinauf. Schon wenige Kilometer nach dem Verlassen des Bahnhofs sehen wir erneut auf der linken Seite das Wasser und auf der rechten Seite die Rebberge. Diesmal sind wir am Neuenburger See. Die Bahnlinie wird hier zur Zeit im Rahmen von Bahn 2000 ausgebaut. Grandson am Ende des Sees erinnert an eine grosse Schlacht der Eidgenossen. Hier haben die Schweizer Karl den Kühnen besiegt. Nächste Station ist Yverdon. In der SBB-Hauptwerkstätte werden Lokomotiven repariert und revidiert. Man könnte hier aussteigen und mit der Chemin de fer Yverdon–St-Croix (YSteC) auf die Jurahöhen fahren. Yverdon ist aber auch bekannt, weil hier Heinrich Pestalozzi lange Zeit gewirkt hat. Wir bleiben im Zug sitzen und fahren weiter in Richtung Süden. Diesmal säumt ein interessantes Biotop, der Etangs-de-Bavois, den Schienenstrang. Bei Mormont haben wir die „Mitte der Welt“ erreicht, wie die Einheimischen sagen. Zu bewundern gibts die Wasserscheide zwischen Rhein und Rhone. Bei Bussigny treffen wir mit der nach Genf führenden Eisenbahnlinie zusammen. Und wenige Minuten später treffen wir in Lausanne ein.

FOTO: RONALD GOHL

Malerische Ausblicke: Die sieben Churfirsten mit dem Walensee im Frühling.

In die Ferienecke der Schweiz

Nach Graubünden: Zürich–Chur

INFO

Anreise: Zürich ist der wohl wichtigste Verkehrsknoten der Schweiz. Sternförmig treffen die Züge aus allen Landesteilen in der grössten Stadt der Schweiz ein. **Fahrplanfeld:** 900. **Streckenlänge:** 117 km pro Weg. **Fahrzeit:** 1 h 18 min bis Chur. **Reservationen:** fakultativ. **Verkehrszeiten:** das ganze Jahr. **Besonderes:** Es verkehren zahlreiche EuroCity, einerseits zwischen Deutschland und Chur, andererseits von Zürich über Sargans nach Österreich. **Spurweite:** 1435 mm.

Triebfahrzeuge: Das 900er-Kursbuchfeld ist noch ganz Domäne der Re 4/4 II, welche auf der IC-Hauptachse St.Gallen–Zürich–Bern–Lausanne durch die Lok 2000 abgelöst wurde.

Info: Rail-Service 157 22 22

Hauptbahnhof Zürich: Die moderne Architektur des Nordtraktes bildet einen interessanten Kontrast zur 1871 von Friedrich Wanner erbauten Bahnhofshalle. Im hypermodernen Bahnreisezentrum, das am 22. Oktober 1996 eröffnet wurde, kann man vom Trambillett bis hin zur Weltreise so ziemlich alles erstehen. Seit 1984 wurden im HB-Zürich über eine Milliarde Franken verbaut. Mit 7267 m^2 ist die Zürcher Bahnhofshalle der grösste überdachte Platz der Schweiz. Doch damit nicht genug. Westlich neben dem Hauptbahnhof soll der „Eurogate“ entstehen. Mit der Bewilligung entschied sich die Bausektion des Stadtrates Zürich am 31. Mai 1997 für den Bau der gigantischen Anlage. Auf einer Nutzfläche von mehr als 200 000 m^2 ist ein Dienstleistungszentrum mit über 5000 Arbeitsplätzen geplant. Zürich wird in Fahrtrichtung Chur über die Tunnels zwischen Wiedikon und Enge verlassen. Bei Wollishofen erreichen wir den See. Die Fahrt geht weiter über Kilchberg und Rüschlikon nach Thalwil, wo die Strecken von Zug und vom Gotthard einmünden. Das Zürichseeufer ist dicht besiedelt. Wer es sich leisten kann, hat sich am Ufer eine Wohnung gekauft oder ein Haus gebaut. Einzige Oase der Natur bleibt Au. Die Halbinsel mit einem kleinen See steht unter Naturschutz und konnte so vor Überbauung bewahrt werden. In Wädenswil zweigen die Züge der Schweizerischen Südostbahn (SOB) nach Samstagern und Einsiedeln ab. Wir fahren weiter dem See entlang und bemerken, dass sich die Zersiedlung der Landschaft etwas gelockert hat. Freienbach, ein kleiner Bahnhof, an dem die IC- und EC-Züge ohne Halt vorbeifahren, gehört der steuergünstigsten Gemeinde der Schweiz. Hier wohnen über 60 Millionäre! Ein kleiner Bahnknoten ist Pfäffikon im Kanton Schwyz, links fährt man über den Seedamm nach Rapperswil, rechts auf einem weiteren Streckenabschnitt der SOB nach Samstagern, Einsiedeln und Arth-Goldau. Links sollte man auf der Fahrt nach Graubünden sitzen, denn hier hat man die beste Aussicht auf die Seen. Der Seedamm mit seinen Schilfbeständen trennt den Zürichsee vom Obersee. Dieser besticht durch seine natürliche Schönheit, seine Ufer sind noch weitgehend naturbelassen. Zwischen Obersee und Walensee fährt der Zug durch eine breite Ebene. Sie war bis zur Fertigstellung des Linthkanals im Jahre 1816 regelmässig überschwemmt und versumpft. Deshalb liegen auch alle Dörfer am Rand der Hügel und Berge. Bei Siebnen könnte man die Reise unterbrechen und mit dem Postauto ins Wäggital fahren – eine wenig bekannte Ausflugsregion am Fuss des Grossen Aubrig. Nächster Halt ist Ziegelbrücke, wo bereits der Anschlusszug nach Glarus und weiter nach Linthal wartet. Wir lassen uns nicht beeindrucken und

Foto: Ronald Gohl

Mai 1989: Re 4/4 II mit Schnellzug auf der Einspurstrecke bei Maienfels.

FOTOS: JAKRAPHAN INTHA (OBEN), BEAT BRUHIN (UNTEN)

Oben: Im Bahnhof von Chur rangiert die Ge 4/4 III Nr. 644 der RhB, im Hintergrund ein SBB-Schnellzug. Unten: Zürichsee mit InterCity und Post-Werbelok.

bleiben sitzen. Schliesslich erwartet uns jetzt der schönste Teil der Reise, nämlich die Fahrt entlang dem Walensee. Doch vorerst gehts durch einen langen Tunnel, der sich von Weesen bis Mühlehorn erstreckt. Die Eisenbahnlinie zwischen Ziegelbrücke und Chur wurde 1859 eröffnet und 1934 elektrifiziert. Der Ausbau auf Doppelspur erfolgte in den Jahren 1923–28. Bis heute ist jedoch das kurze Teilstück Mühlehorn–Teufwinkel nur einspurig befahrbar. Auf der gegenüberliegenden Seite des Sees zählen wir die sieben Churfirsten. Von dieser Seite aus wirken ihre Gipfel stumpf, stünden wir auf der Toggenburger Seite würden wir ihre gezackten Häupter bewundern. Der zweitletze Churfirsten-Gipfel kann übrigens mit

der Seilbahn von Unterwasser im Toggenburg aus problemlos „bezwungen“ werden. Doch auch von Unterterzen am Walensee führt eine Seilbahn in luftige Höhen. Mit ihr gelangt man zur Tannenbodenalp im Feriengebiet der Flumserberge. Gegen das Ende des Sees wird nochmals ein Tunnel durchquert, dann braust der Zug durch den Bahnhof von Walenstadt. Nächster Halt ist erst Sargans, etwa 13 km taleinwärts. Schon von weitem erkennt man das Schloss, das auf einem Felsen über dem Ort thront. Die Berge rund um Sargans sind auf vielen Kilometern untertunnelt. Einerseits gibts hier das öffentlich zugängliche Eisenbergwerk Gonzen – mit einem kleinen Bergbaubähnchen fährt man in die Stollen – andererseits befinden sich um Sargans auch viele militärische Tunnels, die zu einer unterirdischen Festungsanlage führen, selbstverständlich nicht öffentlich zugänglich und streng militärisch geheim. Bei Sargans zweigen die österreichischen EuroCity-Züge nach Buchs und Feldkirch ab. Wir biegen flussaufwärts ins Rheintal ein und fahren nach Bad Ragaz – ein klassischer Bäderkurort mit Thermalquelle. Doch wir wollen weiter in die „Ferienecke“ der Schweiz, wie der Kanton Graubünden von den Tourismuswerbern auch genannt wird. In Landquart überqueren wir die Kantonsgrenze. Natürlich leistet sich Graubünden seine eigene Bahn. Das grösste Depot und die Werkstätte befinden sich in Landquart, gleich gegenüber dem Bahnhof. Die roten Schmalspurzüge der Rhätischen Bahn (RhB) sind nicht zu übersehen und haben ihre Fans auf der ganzen Welt. Maienfeld, Heimatort des „Heidi“, wird nur von den Zügen der RhB bedient, die parallel zum Trassee der SBB nach Chur fahren. Chur ist Endstation, das Normalspurgleis führt zwar noch weiter – teilweise als Dreischienengleis – bis Domat/Ems; doch nur für Güterzüge zu Blochers Ems-Werken.

FOTO: HEINZ SIGRIST

Dampfsonderzug mit A 3/5 Nr. 706 bei St-Saphorin am malerischen Genfer See.

Gegen den Strom

Rhonetal: Lausanne–Brig

Ausgangspunkt einer Reise das Rhonetal aufwärts ist Lausanne im Kanton Waadt. Hier können verschiedene Züge benützt werden, darunter auch während der Wintersaison ein TGV (abends) sowie das ganze Jahr der Cisalpino. Neben den Schweizer InterCitys verkehren auch italienische und französische EuroCitys durchs Rhonetal.

Zunächst fahren wir auf sehenswertem Trassee am Ufer des Genfer Sees entlang nach Osten. Cully, Epesses und St-Saphorin heissen die reizenden Winzerdörfer. Das Rebgebiet heisst Lavaux und bürgt für einen guten Wein. Man sollte sich rechtzeitig einen Fensterplatz auf der rechten Seite des Zuges sichern, denn der Blick reicht über das Wasser und die Savoyer Alpen bis zum Mont Blanc. Vevey liegt an der sogenannten Waadtländer Riviera, die sich bis Montreux hinaufzieht. Hier lässt es sich unter Palmen für schweizerische Verhältnisse gut leben. In Montreux könnte man in die Panoramazüge der Montreux–Oberland Bernois einsteigen oder mit der Zahnradbahn auf die Rochers-de-Naye fahren. Wir entscheiden uns für die Wei-

INFO

Anreise: Lausanne wird von Zürich und Bern aus mit dem InterCity erreicht, von Basel besteht ebenfalls eine direkte IC-Verbindung nach Lausanne. **Fahrplanfeld:** 100. **Streckenlänge:** 146 km pro Weg. **Fahrzeit:** 1 h 51 min bis Brig. **Reservationen:** fakultativ. **Verkehrszeiten:** das ganze Jahr. **Besonderes:** Es verkehren auch internationale Züge von Paris und nach Italien. **Spurweite:** 1435 mm.

Triebfahrzeuge: Re 4/4 II, Re 465, Cisalpino und im Winter auch TGV bis Brig.

Info: Rail-Service 157 22 22

terfahrt und erblicken schon bald das malerische Schloss Chillon. Es wurde in den See hineingebaut und geht auf Kalenderblättern und Schokoladenpapierchen rund um die Welt. Die Anlagen des Schlosses können besichtigt werden. Bei Villeneuve mündet die Rhone in den Genfer See. Das gesamte Rhonedelta steht unter Naturschutz. Villeneuve ist auch Sitz der Eisenbahn-Fahrzeugwerke Vevey Technologies, die zur kanadischen Bombardier-Gruppe gehören. Nun sind wir im Rhonetal, nächster Halt ist Aigle, von wo aus gleich drei Schmalspurbahnen in die Bergwelt links und rechts des Talbodens abzweigen. Weiter gehts gegen den Strom, auf der Höhe von St-Maurice rücken die Talflanken immer enger zusammen. Cisalpino und TGV halten hier nicht, die SBB-Schnellzüge hingegen schon. Bei Martigny weitet sich das Tal wieder und der Flusslauf der Rhone zweigt scharf nach Nordosten ab. Von Martigny fährt die Schmalspurbahn über Châtelard in die französischen Ferienorte Chamonix und St-Gervais am Fusse des Mont Blanc. Der Zug hält nur kurz, dann gehts schon weiter Rhone aufwärts. Zunächst ziemlich ebenwegs auf der „Rennstrecke", wo immer wieder Geschwindigkeitsrekorde und Testfahrten stattfinden. Hier wurde auch die Lok 2000 auf 230 km/h beschleunigt. Grosse Obstplantagen breiten sich neben dem Trassee aus und an den Sonnenhängen reifen die Trauben für einen guten Tropfen Walliser Wein. In Sion hält auch der TGV. Hoch über der Stadt thronen zwei Burgen und aus den Seitentälern blitzen die Schneegipfel. Bei Salgesch durchqueren wir den Pfinwald, übrigens der grösste Föhrenwald der Schweiz, der natürlich unter Naturschutz steht. Auch die Sprachgrenze befindet sich hier. In Leuk, an dem wir vorbeibrausen, wird bereits wieder Deutsch gesprochen. Bis Brig ist es von hier aus nicht mehr weit. Am linken Talhang entdecken wir das Trassee der BLS-Lötschbergbahn, das ebenfalls nach Brig führt und dabei einen beachtlichen Höhenunterschied überwindet.

FOTO: ARCHIV LAN

InterCity mit Re 460 074 am Genfer See; im Hintergrund das Schloss Chillon.

FOTO: ROGER HAUETER

Am späteren Nachmittag fährt der ICE aus Berlin-Zoo bei Faulensee vorbei.

Eiger, Mönch und Jungfrau

Ins Berner Oberland: Basel–Interlaken

INFO

Anreise: Basel wird von EC und IC von Zürich und Deutschland aus erreicht. **Fahrplanfelder:** 500, 450, 290 und 310. **Streckenlänge:** 178 km pro Weg. **Fahrzeit:** 2 h 20 min bis Interlaken Ost. **Reservationen:** fakultativ. **Verkehrszeiten:** das ganze Jahr, teilweise mit Umsteigen in Bern. **Besonderes:** Zwischen Bern und Interlaken Ost verkehren mehrmals täglich Doppelstockzüge. **Spurweite:** 1435 mm.

Triebfahrzeuge: Re 460 (Lok 2000) mit verpendelten InterCity und Dosto 2000. Zwischen Bern und Interlaken trifft man aber auch häufig auf die braunen Re 4/4 I der BLS. Eine tägliche ICE-Verbindung führt von Interlaken Ost nach Berlin Zoo. Zwischen Spiez und Basel begegnet man auch dem Cisalpino.

Info: BLS 033/826 47 50

Die Strecke Basel–Olten wurde bereits auf den Seiten 50-53 (Gotthardroute) beschrieben. Deshalb wenden wir uns an dieser Stelle gleich der Paradestrecke Olten–Bern zu, welche durchs Mittelland und durch die nördlichen Ausläufer des Emmentals führt. Die 67 km lange Strecke wurde im Jahre 1858 eröffnet und 1925 elektrifiziert. Der Doppelspurausbau erfolgte in mehreren Etappen zwischen 1858–96. 1981 wurde die Abkürzungsstrecke Olten—Rothrist in Betrieb genommen. Roggwil-Wynau, Langenthal und Herzogenbuchsee sind typische Dörfer im Schweizer Mittelland. Entlang der Bahnlinie haben sich Industriebetriebe niedergelassen. Bei Wynigen fahren die Züge durch ein stilles Waldtal mit stattlichen Emmentaler Bauernhöfen, und kurz vor Burgdorf wird der Düttisberg mittels eines Tunnels durchquert. Nach der Ausfahrt führt eine kleine Brücke über die Emme und auf dem Hügel über dem Städtchen entdecken wir das stolze Schloss Burgdorf.

Die Bahnstrecke Zürich–Olten–Bern zählt zu den wichtigsten Städteverbindungen in der Schweiz und wird von entsprechend vielen Zügen befahren. Wenn hier der Betrieb einmal stillsteht, hat das Auswirkungen auf das ganze Netz der SBB und Privatbahnen. Aus diesem Grund wird auch der Ausbau zu Bahn 2000 mit grossen Schritten vorangetrieben. Kernstück aller Vorhaben ist die 46 km lange Neubaustrecke Mattstetten–Rothrist. Sie bringt an zentraler Stelle nötige Mehrkapazität und ermöglicht bessere Anschlüsse in der ganzen Schweiz. Die Züge werden dereinst nicht mehr über Burgdorf nach Bern brausen, sondern von Rothrist, wo die Abkürzungsstrecke nach Olten einmündet, weiter nördlich als die „alte" Linie, direkt bis nach Mattstetten führen. Dort mündet die Neubaustrecke in den bereits fertigen Grauholztunnel.

Fotos: Jakraphan Intha, Heinz Sigrist (Seiten 72/73)

Praktisch am Ziel: Kurz vor dem Bahnhof Interlaken Ost fährt der Zug dicht am Aareufer.

Durch diesen fahren wir auf den letzten Kilometern vor Bern. Die Hauptstadt unseres Landes erreichen wir übrigens auf der zweilängsten Brücke der SBB. Das 1941 erbaute Aareviadukt misst über einen Kilometer.
In Bern wird die Richtung und evt. die Lok gewechselt. Direkte Züge nach Interlaken gibt es leider nicht mehr so viele, daher muss meist in einen anderen Zug, der von Zürich kommt, umgestiegen werden. Mehrmals täglich handelt es sich um den Doppelstöcker (Dosto 2000).
Wir fahren nach einem mehrere Minuten dauernden Aufenthalt aus dem Bahnhof – wieder über die lange Aarebrücke – und zweigen bei Wylerfeld gegen Süden ab. Das Aaretal ist eine beliebte „Rennstrecke" für schnelle InterCity und EuroCity. Auch ICE und Cisalpino beschleunigen hier auf immerhin 140 km/h. Die Strecke Bern–Münsingen–Thun zählt zu den historisch wichtigsten Bahnlinien der Schweiz: Fuhr doch 1919 hier der erste SBB-Zug fahrplanmässig mit Strom. Die lange Gerade zwischen Münsingen und Uttigen wird machmal auch von Versuchszügen benutzt. In Thun befindet sich die Schiffländte gleich gegenüber dem Bahnhof. Den ersten Blick auf den See erhaschen wir jedoch erst auf der Höhe von Gwatt. Dieser ist an schönen Tagen umso überwältigender, denn am Horizont zeichnen sich nicht nur die vergletscherten Viertausender, sondern auch das weltberühmte Dreigestirn Eiger, Mönch und Jungfrau ab. Jetzt sind links die besten Plätze, denn der Zug fährt immer in Sichtweite des Thuner Sees gegen Süden. In Spiez verzweigen sich die Gleise. Nach rechts führt die Lötschberglinie über Frutigen und Kandersteg nach Brig. Gegen Ost fährt die Regionalbahn durchs Simmental nach Zweisimmen. Wir setzen unsere Fahrt weiter nach Südosten fort und erreichen bei Faulensee wieder das Seeufer. Die einspurige Strecke schlängelt sich dem Thuner See entlang bis Interlaken West. Nächster und letzter Halt ist Interlaken Ost, dessen Bahnhof im Besitz der Berner Oberland-Bahnen (BOB) ist.

Noch im Mittelland: Re 460 018-5 zwischen Herzogenbuchsee und Langenthal.

3.

99 Bahnziele in der Schweiz

99 Bahnziele in der Schweiz

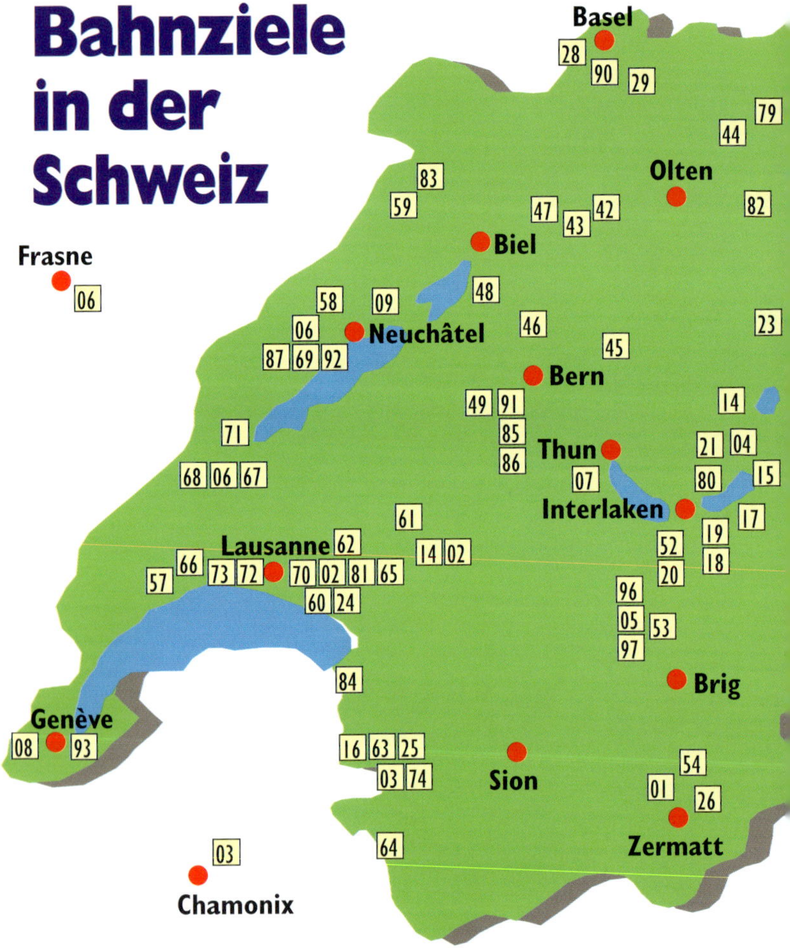

Übersichtskarte Reiseziele

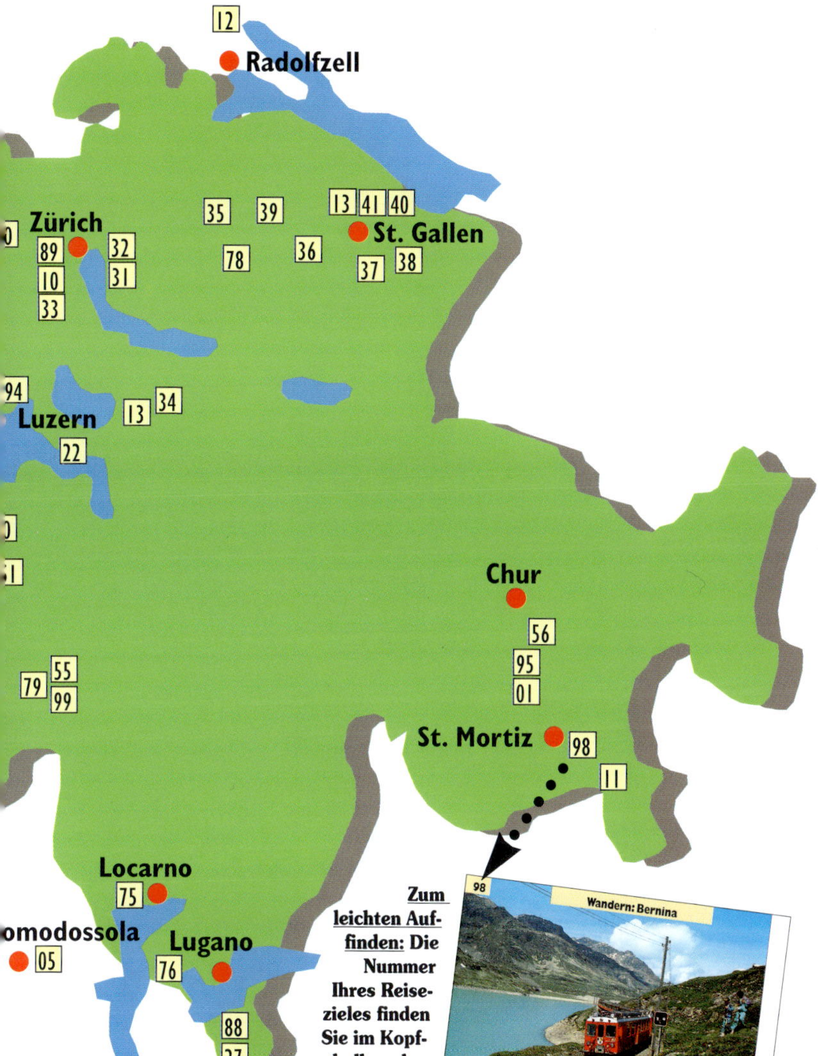

Zum leichten Auffinden: Die Nummer Ihres Reisezieles finden Sie im Kopfbalken der folgenden Seiten

LSE

Fotos: Sammlung Lan (rechts), Roger Haueter (links)

291 Viadukte und 91 Tunnels liegen zwischen Zermatt und St. Moritz.

Matterhorn und Champagnerluft

Im langsamsten Schnellzug von Zermatt nach St. Moritz

INFO

Anreise: Nach Zermatt fährt man über Brig, z.B. mit IC/EC und den BVZ-Schmalspurzügen. **Fahrplanfeld:** 611. **Streckenlänge:** 323 km pro Weg. **Fahrzeit:** 8 h 02 min bis St. Moritz. **Reservationen:** obligatorisch, 9 Franken je Person. **Verkehrszeiten:** Glacier-Express B fährt von Mai bis Oktober, Glacier-Express D das ganze Jahr. **Besonderes:** klimatisierte Panoramawagen nur 1. Klasse im Glacier-Express B. **Spurweite:** 1000 mm.

Triebfahrzeuge: BVZ und FO verfügen beide über die Zahnradlokomotiven des Typs HGe 4/4 II, welche fast immer dem Glacier-Express vorgespannt werden. Ab Disentis kommen auf dem Netz der RhB Ge 4/4 II und Ge 4/4 III zum Einsatz.

Info: RhB St. Moritz 081/833 59 12

Nirgendwo in den Bergen der Welt ist eine Bahnfahrt wohl eindrücklicher und abwechslungsreicher als zwischen Zermatt und St. Moritz. Der kleine rote Zug mit seinen mondänen Panoramawagen windet sich durch enge Schluchten, kraxelt mit Hilfe von Zahnstange und Zahnrade steile Trassees hinauf, befährt einsame Hochebenen und im nächsten Augenblick wieder urige Bergdörfer, wo das Heu noch wie vor Jahrhunderten von den Bauern eingebracht wird. Zermatt am Fusse des 4477 m hohen Matterhorns heisst der Ausgangspunkt der achtstündigen Fahrt – das Ziel ist nicht minder berühmt: St. Moritz, Weltkurort im Oberengadin. Zügig und kraftvoll sind die vorgespannten Lokomotiven. Gleich drei Bahngesellschaften (BVZ Zermattbahn, FO Furka–Oberalp-Bahn und RhB Rhätische Bahn) beteiligen sich am Superzug „Glacier Express B“, der an sommerlichen Wochenenden nur Panoramawagen 1. Klasse führt. Während seiner achtstündigen Reise legt der Schnellzug eine Distanz von 323 km zurück, im Stundenmittel fährt man also rund 40 km – wo mit der Glacier-Express zum langsamsten Schnellzug der Welt wird. Das stört niemanden, denn hinter den grossen Panoramafenstern zieht ein starkes Stück Natur vorbei. Nirgendwo in Europa geht die Vegetation höher hinauf, nirgends lecken Gletscherzungen so grüne Täler. 291 Viadukte, 91 Tunnels und der 2033 m hohe Oberalppass liegen am Weg. Mehrmals werden die Lokomotiven gewechselt, es sind kraftvolle Schmalspurlokomotiven, die für das längste Schmalspurnetz Europas gebaut wurden. Sie können Züge mit über zehn vierachsigen Personenwagen ziehen – etwas weniger sind es auf den steilen Zahnstangenabschnitten. Zwischen Brig und Andermatt befährt die Furka–Oberalp-Bahn Gleise mit bis zu 179 ‰ Neigung. Auf ein Blatt Papier aufgetragen, erscheint dies gar nicht so gewaltig, sitzt man aber im Speisewagen, so muss man Teller und Gläser festhalten, damit sie nicht vom Tisch fallen.

Meist besteht der 1.-Klass-Panoramazug, der nur von Mai bis Oktober an Wochenenden und an Feiertagen fährt, aus 4-5 Spezialwagen zu 48 Plätzen. Er verlässt Zermatt kurz vor neun Uhr vormittags und trifft kurz vor fünf Uhr nachmittags in St. Moritz ein. Zwischen Brig und St. Moritz wird ein Speisewagen angehängt. Die Fahrt im Superzug erhält man nicht zum Sparpreis. Wer auf das Reisebudget achten muss, steigt in den ganzjährig verkehrenden „Glacier-Express D" ein – er führt ganz normale Wagen, auch 2. Klasse. Zwischen Disentis und Andermatt wird der längste Speisewagen der Welt beigestellt – ein achtachsiges Gelenkfahrzeug der Rhätischen Bahn.

Endlich in St. Moritz angekommen, erfreut man sich auf 1800 m ü.M. an der prickelnden Champagnerluft – ein Gemisch aus Reizklima und dem Duft der grossen, reichen Welt...

FOTO: ROGER HAUETER

Zwischenhalt in Celerina – der „Glacier-Express B" wartet eine Kreuzung ab.

Foto: Roger Haueter

Der fünfgliedrige Crystal-Panoramic-Express bei Rougemont im Kanton Waadt.

Schienenzauber in der Westschweiz

Montreux–Zweisimmen mit dem Panoramazug

INFO

Anreise: Montreux wird via Bern und Lausanne erreicht, von Brig besteht durchs Rhonetal eine IC/EC-Verbindung. **Fahrplanfeld:** 120. **Streckenlänge:** 88 km pro Weg. **Fahrzeit:** 1 h 36 min pro Weg. **Reservationen:** obligatorisch. **Verkehrszeiten:** täglich von Juli bis Oktober, die übrige Zeit nur am Wochenende und an Feiertagen. **Besonderes:** klimatisierte Wagen und „Grand vue“-Abteile in Lokführerposition, nur Sitzplätze 1. Klasse. **Spurweite:** 1000 mm.

Triebfahrzeuge: Die Lokomotive BDe 4/4 des „Crystal-Panoramic-Express“ befindet sich in der Zugmitte. Sie kann ihre Höchstgeschwindigkeit von 100 km/h auf der kurvenreichen Strecke jedoch nicht ausfahren.

Info: MOB 021/989 81 81

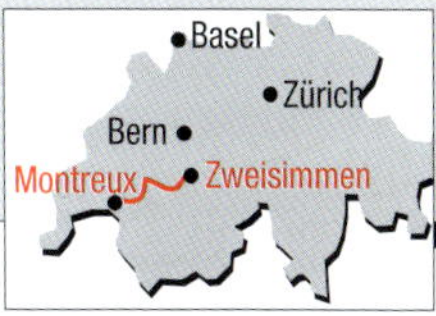

„Quelle merveilleuse machine sur rail“, sagt der französisch sprechende Reisende, wenn er in Montreux den eleganten Crystal-Panoramic-Express besteigt. Das heisst so viel wie „welch ein Superzug!“ Er übertreibt nicht, denn der meterspurige, fünfgliedrige Crystal gleicht mit seiner aerodynamisch geformten „Schnauze“ eher einem Hochgeschwindigkeitszug als einem genussvollen Bummler. Ähnlich wie beim Glacier-Express steht hier nicht die Reisegeschwindigkeit sondern das Reiseerlebnis im Vordergrund. Es zählt also nicht, wie schnell man von A nach B kommt und wie viel Zeit man dabei spart. Die vielen Kurven, Viadukte und Tunnels zwischen Montreux am Genfer See und Zweisimmen im Berner Oberland lassen auch keine grossen Geschwindigkeiten zu, so zockelt der Crystal gemütlich von den Rebbergen am Genfer See zu den Kühen im „grünen Hochland“.

Die begehrtesten Plätze sind ganz vorne, wo normalerweise der Lokführer sitzt. Diesen sucht man auf den ersten Blick im ganzen Zug vergeblich. Erst beim genauen Hinsehen erkennt man, dass er über den Reisenden in einer Art Aussichtsloge thront und von dort aus den Zug sicher über die einspurige Strecke steuert. Keine Sorge, die Linie der Montreux–Oberland Bernois (MOB) ist schweizerisch perfekt mit Streckenblöcken abgesichert. Zudem kennt der Lokführer jede Kreuzung auswendig; der Verkehr ist nicht so dicht und stressig wie bei den Bundesbahnen. Der Reisende kann sich also genüsslich zurücklehnen. Wer ganz vorne auf den aussichtsreichen Sesseln keinen Platz gefunden hat, versucht es vielleicht im Steuerwagen am Schluss des Zuges (mit Blick auf die zurückliegende Strecke). Aber auch die übrigen Wagen sind gediegen und mit riesigen Panoramafenstern eingerichtet. Ein beliebter Treffpunkt ist auch der Salon-Barwagen mit Sitzlandschaften. Die Lokomotive befindet sich in der Zugmitte, was eher ungewöhnlich ist. Es handelt sich dabei um eine Maschine mit Gepäckabteil des Typs GDe 4/4. Der Crystal ist übrigens die dritte Generation Panoramazüge bei der MOB. Angefangen hat alles 1979 mit den ersten Panoramawagen. Die Westschweizer Privatbahn entdeckte das Reiseerlebnis Bahn und mit ihr in den nächsten Jahren viele tausend begeisterte Passagiere. Der „Panoramic-Express" kam so gut an, dass die MOB praktisch eine Verdoppelung des Erstklass-Reiseaufkommens verzeichnen konnte. Es folgten zwei weitere Panorama-Produkte: 1985 der „Superpanoramic-Express" (heute „Golden-Panoramic-Express") mit dem ersten Abteil in Lokführerposition und 1993 wie bereits erwähnt der „Crystal-Panoramic-Express". Weiter bergauf wird es mit der MOB gehen, sobald die direkte Verbindung Montreux–Luzern mit dem Dreischienengleis (1435mm/ 1000 mm) zwischen Zweisimmen und Interlaken Ost in Betrieb genommen werden kann. „Golden-Pass" werden die durchgehende Züge der vierten Panorama-Generation dann vielleicht einmal heissen. Bereits sind die Planungsarbeiten im Gang.

Wer möchte da nicht ganz vorne im „Grand vue" Abteil mit Lokführer-Blick sitzen?

FOTO: ROGER HAUETER

FOTO: VALLY GOHL

Fünf achtachsige Panorama-Gelenktriebwagen verbinden Martigny und St-Gervais.

An den Fuss des höchsten Berges

Internationale Bahnlinie Martigny–St-Gervais

INFO

Anreise: Martigny erreicht man mit EC und IC via Bern–Lausanne (umsteigen), von Brig besteht durchs Rhonetal ebenfalls eine IC/EC-Verbindung. **Fahrplanfeld:** 132 (CH) und 5120 (F). **Streckenlänge:** 55 km pro Weg. **Fahrzeit:** 2 h 20 min bis St-Gervais. **Reservationen:** nicht möglich. **Verkehrszeiten:** das ganze Jahr. **Besonderes:** die Fenster können geöffnet werden, was speziell Fotografen schätzen. **Spurweite:** 1000 mm.

Triebfahrzeuge: Die zwei Schweizer Gelenktriebwagen sind vom Typ BDeh 4/8, von der SNCF werden die Fahrzeuge als selbstfahrende Einheiten Z 800 bezeichnet. Die Fahrzeuge haben automatische Kupplungen.

Info: Mont-Blanc-Express 027/768 11 40

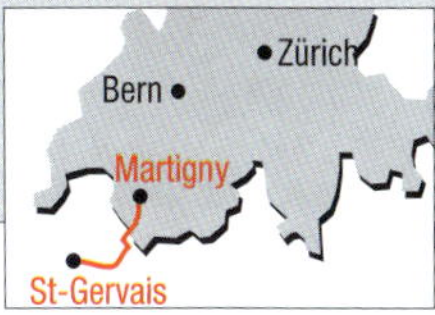

Weniger bekannt als die grossen Panoramarouten des Bernina-, Glacier- oder Crystal-Express ist die Bahnverbindung zwischen dem Wallis und dem Departement Haute Savoie (Frankreich). Doch auch sie wird seit 1996 mit einem internationalen Panoramazug, dem Mont-Blanc-Express, bedient. Auf dieser Strecke zu fahren, ist ein grosses Erlebnis, denn der Zug rollt vom 467 m ü.M. gelegenen Bahnhof Martigny im Rhonetal bis an den Fuss des höchsten Berges Europas, den 4807 m hohen Mont-Blanc. Dazwischen liegen 55 eindrucksvolle Bahnkilometer. Abwechslungsreicher könnte eine Zugfahrt nicht sein; so gibt es ziemlich flache Strecken, auf denen die Fahrzeuge bis zu 100 km/h schnell sind, aber auch steile Zahnstangenabschnitte mit Steigungen von bis zu 200 ‰. Die Stromzuführung ist ziemlich kurios. Zunächst sieht alles ganz normal aus – Pantograf mit Oberleitung wie bei jedem Zug. Doch auf der Bergstrecke zwischen Vernayaz und Salvan wird der Pantograf gesenkt und der Zug entnimmt die benötigte Energie einer seitlich vom Gleis montierten Stromschiene. Zwischen Salvan und Le Trétien wird dann wieder mit Oberleitung gefahren und hinterher wechselt die Energiezufuhr abermals auf Stromschiene. Die Spannung wird übrigens von einer bügeleisenförmigen, auf der Höhe der Drehgestelle angebrachten Vorrichtung abgenommen. 850 Volt fliessen durch diese Leitungen: Kein Zweifel, dass die Stromschienen nicht ganz ungefährlich sind. Jedenfalls warnen überall entsprechende Schilder vor Berührung. Die Stationen sind mit ungewöhnlich hohen Bahnsteigen (500 mm ab Schienenoberkante) ausgerüstet. Grenzbahnhof ist Vallorcine, wo die Zoll- und Passkontrollen stattfinden. Bis Vallorcine wird die Strecke von der Walliser Privatbahn Martigny–Châtelard (MC) betrieben, anschliessend übernimmt die französische Staatsbahn SNCF die Regie. SNCF und MC arbeiten eng zusammen, sie haben gemeinsam die fünf neuen Panorama-Triebwagen bestellt, welche hauptsächlich dem touristischen Verkehr zwischen den beiden Länder dienen. Kurios sind auch die Finanzierungsmodalitäten: zwei Gelenktriebwagen bezahlte die Eidgenossenschaft und der Kanton Wallis, zwei weitere wurden von der SNCF übernommen und der fünfte Mont-Blanc-Express bezahlte die französische Region „Rhône Alpes“. Eine weitere Spezialität ist auf französischer Seite der Montets-Tunnel – im Winter teilen sich Bahn und Strasse das Bauwerk. Auf der anderen Seite des Tunnels erreicht man schon bald Argentière, es folgt der erste Blick zum Mont-Blanc und schon rollt der Zug ziemlich eben durch Lärchenwälder der französischen Ferienstadt Chamonix entgegen. In St-Gervais, der Endstation, kann man in die Zahnradbahn zur 2386 m hohen Nid'Aigle umsteigen – sie bringt die Touristen noch ein Stückchen näher zum Mont-Blanc.

FOTO: RONALD GOHL

Das Val de Chamonix – eine einzigartige Ferien- und Wanderregion.

Foto: Foto-Service SBB

Winterzauber mit HGe 101 963 und zwei Panoramawagen am Brünig.

Das Berner Oberland bis unters Dach

Von Luzern nach Interlaken mit dem Panoramic-Express

INFO

Anreise: Interlaken-Ost wird von EC und IC via Bern und Thun erreicht. **Fahrplanfeld:** 470. **Streckenlänge:** 74 km pro Weg. **Fahrzeit:** 1 h 47 min pro Weg. **Reservationen:** möglich. **Verkehrszeiten:** das ganze Jahr. **Besonderes:** neben zwei Panoramawagen auch Speisewagen, Jasswagen und Clubwagen **Spurweite:** 1000 mm.

Triebfahrzeuge: Schnellzüge wie der „Brünig Panoramic-Express" werden von den Lokomotiven der Baureihe HGe 101 961-968 gezogen. Insgesamt kommen zwischen Luzern und Interlaken 19 Elektrolokomotiven sowie 17 Traktoren und Draisinen zum Einsatz.

Info: Bahnhof Interlaken-Ost 033/828 73 33

Panoramawagen sind „in" und damit lassen sich gute Geschäfte machen. Reisen wird zum Erlebnis und vor allem touristisch attraktive Strecken bieten sich als Panoramabahn geradezu an. Dies hat auch die SBB AG unlängst erkannt und für ihre defizitäre Brüniglinie zwei Panoramawagen (A 102 und 103) mit extra hohen und runden Fenstern angeschafft. Damit erlebt man die Berner Oberländer Berge bis unters Dach – zum Greifen nah. Auf der Fahrt von Interlaken nach Luzern gibt es jedoch nicht nur Fels und Eis zu bewundern, die Bahn schlängelt sich während ihrer knapp zweistündigen Reise fünf malerischen Seen entlang. Sie heissen Brienzer See, Lungerer See, Sarner See, Wichelsee und Alpnacher See (Teil des vielarmigen Vierwaldstätter Sees). Bei so viel Landschaft pur ist es eigentlich verwunderlich, dass die Bahnlinie nicht schon viel früher mit komfortablen Panoramawagen aussgestattet wurde. Wenn man von den Schweizerischen Bundes-

bahnen (SBB) hört, denkt man an Normalspur (1435 mm). Nicht so bei der Brüniglinie. Sie zählt mit einer Spurweite von 1000 mm zu den Schmalspurbahnen und bleibt ein Exot unter den SBB-Linien. Aus diesem Grund haben die Bundesbahnen im Rahmen der Bahnreform vorgesorgt und den Betrieb „rechtzeitig" ausgelagert. Die Schmalspurbahn wird nun von der Depotwerkstätte Meiringen aus betrieben und verwaltet. Sogar die Einfahrt in den Bahnhof von Luzern lässt sich der grosse Bruder neu etwas kosten.
Von all dem kriegt der Reisende allerdings wenig mit, wenn er über die mit Zahnstangen versehenen Steilrampen (bis zu 120 ‰) am Brünigpass rollt. Ein naturnahes Wechselspiel von schroffen Felsen, steilen Höhen und saftigen Bergwiesen. Die komfortablen Panoramawagen (nur 1. Klasse) bieten eine faszinierende Rundsicht. Daneben gibt es kulinarische Schweizer Spezialitäten im Speisewagen, geselliges Beisammensein im Rundsofa des Clubwagens 2. Klasse und energisches Jassen (Schweizer Nationalsport) und Spielplausch im Jasswagen 2. Klasse. Mit ihren Spezialwagen ist die Brünigbahn ihrer Konkurrenz eine Nasenlänge voraus – bleibt nur zu hoffen, dass das Konzept mit dem Brünig Panoramic-Express möglichst viele Reisende nutzen und der entsprechende Erfolg einsetzt.
Der Charakter der Schweiz als Tourismusland konnte sich nicht zuletzt auch dank dem ausgedehnten Netz an Schmalspurbahnen behaupten, die bis in den hintersten Winkel unseres Landes vordringen und diesen für den Tourismus attraktiv machen. 13 Tunnels mit einer Gesamtlänge von 3509 m zählt man zwischen Interlaken-Ost und Luzern. Viadukte gibt es weit mehr, nämlich deren 122 Stück. Der längste misst 168 m. Von dem ersten Dampf-Zahnradzug im Jahre 1887 bis zur Inbetriebnahme der zwei Panoramawagen im Jahre 1994 war es ein weiter Weg.

FOTO: RONALD GOHL

Bei Niederried am Brienzer See fährt der Schnellzug in Richtung Interlaken-Ost.

FOTO: RONALD GOHL

Bahntechnik im Berner Oberland: Der Cisalpino fährt über den Kander-Viadukt.

Der schnelle Kurvenflitzer aus Italien

Cisalpino – oder das Gefühl wie im Flugzeug

INFO

Anreise: Basel ist Ausgangspunkt einer Reise mit dem Cisalpino über den Lötschberg nach Domodossola. **Fahrplanfeld:** 300. **Streckenlänge:** 285 km pro Weg. **Fahrzeit:** 3 h 15 min bis Domodossola, 3 h 13 min bis Basel. **Reservationen:** fakultativ (Schweizer Teilstrecke). **Verkehrszeiten:** das ganze Jahr. **Besonderes:** Es verkehrt auch ein Cisalpino von Zürich über den Gotthard nach Milano. **Spurweite:** 1435 mm.

Triebfahrzeuge: Neun Cisalpinos der Baureihe ETR 470 001–009. Das Zweistromfahrzeug kann sowohl mit 15 kV/16,7 Hz Wechselstrom (Schweiz) als auch mit 3000 Volt Gleichstrom (Italien) verkehren.

Info: Cisalpino AG 031/386 16 16

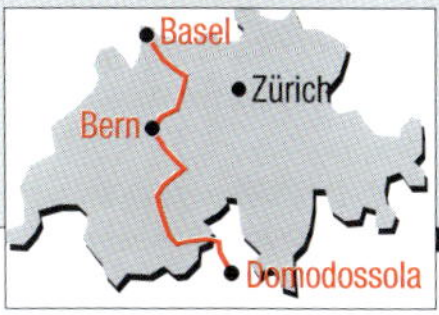

Der Zug fährt ruckfrei an und rumpelt über die ersten Weichen. Plötzlich kippt der Wagen etwas auf die Seite und einige Fahrgäste klammern sich instinktiv an die Sitzlehnen. Dann legt der ETR 470, wie der Cisalpino auch genannt wird, Tempo zu und rast mit 100 km/h die kurvenreiche Lötschberg-Südrampe hinauf: ein Fahrgefühl wie in einem Flugzeug, das sich nach dem Start in die Kurve legt. Auch die Wagen pendeln elegant durch die Kurven, ein ungewohnt flaues Gefühl meldet sich aus der Magengegend. Wer schon einmal in Italien mit dem Pendolino gefahren ist, merkt sehr bald, dass auf den kurvenreichen Gebirgsstrecken der Schweiz andere Massstäbe gelten. Aussteigen geht nicht, der Zug hält erst wieder in Spiez. Dennoch lohnt sich eine Reise im Cisalpino von der Schweiz nach Italien, denn das Fahrgefühl ist unvergleichbar. Das 467 t schwere und 237 m lange Fahrzeug wird über acht Elektromotoren angetrieben.

Foto: Ronald Gohl

Nach dem Grenzbahnhof Vallorbe geht's mit Schweizer Personal bis Lausanne.

Im schnellsten Zug der SBB

TGV-Verbindungen in die halbe Schweiz

Zu den internationalen Superzügen, die bis in die Schweiz verkehren, gehört auch der französische TGV (train à grande vitesse). Die Schweizerischen Bundesbahnen (SBB) sind sogar im Besitz eines solchen Zuges. Gegen die Nr. 112 mit 270 km/h Spitzengeschwindigkeit hat selbst die moderne Lok 2000 keine Chance. Verschiedene TGV's können auf Schweizer Strecken beobachtet werden. Zwischen Lausanne und Vallorbe verkehren vier Zugspaare, eines fährt im Winter sogar das Rhonetal hinauf bis Sion und Brig. Neben dem klassischen TGV-Ziel Genf (die Fahrt führt nur kurz über Schweizer Boden), kann man im schweizerisch-französischen Superstar auch über Neuchâtel und Bern nach Zürich fahren. Ja sogar eine Rundreise ist mit dem TGV möglich. Dazu steigt man (sehr früh) in Zürich ein und geniesst die Reise durch das Mittelland und den Jura bis in die Burgunderstadt Dijon. Eine Stadtbesichtigung und ein echt französisches Mittagessen verkürzt die Wartezeit bis zur nächsten Rückfahrgelegenheit via Vallorbe nach Lausanne.

INFO

Anreise: Zürich ist internationale Bahn- und Flug-Drehscheibe. **Fahrzeit:** 4 h 15 min bis Dijon, 2 h 07 min bis Lausanne. **Reservationen:** obligatorisch. **Verkehrszeiten:** das ganze Jahr, der TGV bis Brig verkehrt nur während der Skisaison. **Besonderes:** der TGV erreicht erst zwischen Dijon und Paris seine Höchstgeschwindigkeit. **Spurweite:** 1435 mm.

Triebfahrzeuge: Neun 200 m lange TGV der ersten Generation, SBB-Nr. 112 . Die revidierten TGVs sind übrigens grau-blau.

Info: Rail-Service 157 22 22

FOTO: RONALD GOHL

Der ICE „Thuner See“ fährt am späten Nachmittag von Spiez nach Interlaken.

Vom Zoo zur Jungfrau

ICE – tägliche Direktverbindungen ins Berner Oberland

INFO

Anreise: Basel ist Ausgangspunkt einer Reise mit dem ICE über Bern nach Interlaken. **Streckenlänge:** 178 km. **Fahrplanfelder:** 500, 450, 290 und 310. **Fahrzeit:** 2 h 13 min bis Interlaken Ost, 2 h 12 min bis Basel. **Reservationen:** fakultativ (Schweizer Teilstrecke). **Verkehrszeiten:** das ganze Jahr. **Besonderes:** Es verkehren auch mehrere tägliche ICE zwischen Basel und Zürich. **Spurweite:** 1435 mm.

Triebfahrzeuge: Bei dem ICE „Thuner See“ handelt es sich um einen ICE 1 der ersten Generation (Baujahre 1989–1996). Insgesamt wurden bisher 122 Triebköpfe und 723 Mittelwagen gebaut. Der rund 205 m lange Zug erbringt eine Stundenleistung von 2x4800 kW.

Info: Rail-Service 157 22 22

Mit dem Zugspaar ICE 72/73 „Thuner See“ gelangt man täglich von Berlin-Zoo nach Interlaken-Ost am Fusse des weltberühmten Dreigestirns mit Eiger, Mönch und Jungfrau. Die Schweizer Teilstrecke ist zuschlagsfrei, in Deutschland werden happige Aufpreise einkassiert. Natürlich kann der Deutsche Superzug seine Höchstgeschwindigkeit (280 km/h) in der Schweiz nicht ausfahren, auf der eingleisigen Strecke am Thuner See (Faulensee–Interlaken-Ost) schleicht er richtiggehend um die vielen Kurven. Dennoch bietet der Zug viel mehr Komfort als ein gewöhnlicher Schweizer InterCity. Ungewöhnlich ist nicht nur das Design und die Anordnung der Sitze, im ersten Wagen hinter dem Triebkopf gibt es sogar an jedem Platz einen Bildschirm mit Videoprogramm. Bei so viel schöner Schweizer Landschaft ist es jedoch eher unwahrscheinlich, dass jemand hinguckt – am ehesten noch die Pendler, die ohnehin jeden Tag von Bern oder Thun nach Interlaken fahren.

FOTO: RONALD GOHL

Der Talgo Pendular, hier bereits in Spanien, hat besonders niedrige Wagen.

Sich in den Schlaf schaukeln lassen

Mit dem Nachttalgo von Zürich nach Barcelona

INFO

Anreise: Zürich ist Ausgangspunkt einer Reise mit dem Talgo Pendular über Bern nach Barcelona. **Fahrzeit:** 13 h 07 min je Richtung. **Reservationen:** obligatorisch. **Verkehrszeiten:** täglich. **Besonderes:** Zutritt nur mit gültiger Bordkarte, keine Möglichkeit für Fahrten innerhalb der Schweiz. **Spurweite:** 1435 und 1668 mm (automatischer Spurwechsel).

Triebfahrzeuge: Der Talgo Pendular ist mit dem Generatorenwagen eine in sich abgeschlossene Einheit, gezogen wird er allerdings von einer Lokomotive. Diese Aufgabe übernimmt auf der Schweizer Teilstrecke meist eine Re 4/4 II. Ein Unikat stellt auch die Veränderung der Spurweite von 1435 auf 1668 (spanische Norm) dar.

Info: Rail-Service 157 22 22

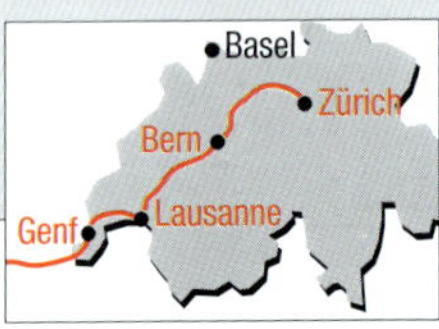

Müde zieht man sich im Zürcher Hauptbahnhof in die geräumige Schlafkabine des Talgo Pendular zurück und lässt sich bereits auf den ersten Kilometern der nächtlichen Fahrt sanft in den Schlaf wiegen. Dank der Wagenkastenneigung legt sich der EC „Pablo Casals“ in die Kurven. So kann es durchaus sein, dass man die Nacht durchschlummert und am frühen Morgen bereits spanische Meerluft schnuppert. Der Talgo Pendular ist eine eigenständige Entwicklung der gleichnamigen spanischen Firma. Der Zug weist nicht nur optisch, sondern auch technisch mit einem interessanten Spezialfederungssystem einige Vorzüge auf, die seinerzeit ein Stück Pionierarbeit waren. So gilt der Talgo als „Vater“ aller Neigezüge, diese Technik war übrigens lange Zeit nur auf der iberischen Halbinsel verwirklicht. Bei einer Gesamtlänge von 13 Metern besitzt jeder Wagen nur zwei Räder. Damit „schweben“ die Fahrzeuge, die zu den leichtesten der Welt gehören, und vermitteln ein angenehmes Fahrgefühl.

FOTO: FOTO-SERVICE SBB

Der InterCity-Neigezug (ICN) auf Testfahrt: ein Schweizer Pendolino.

Die SBB legen sich in die Kurve

ICN: Neuer Superzug am Start

Zwischen Lausanne und Biel (eine Strecke, die ab 1999/2000 mit Neigezügen befahren wird) messen über 50 Prozent der Kurvenradien weniger als 1000 m. Die kleinräumige, gebirgige und auch im dichtbesiedelten Mittelland hügelige Schweiz hat den Ingenieuren in den Pionierzeiten des Eisenbahnbaus jede Menge delikater Probleme bereitet – die Ingenieure haben diese Probleme gelöst, indem sie sich buchstäblich gewunden haben: Die Schweizer Bahnstrecken weisen einen weltmeisterlich hohen Anteil an Gleisbogen mit Radien unter 2000 Meter auf. Die Fahrzeitverkürzungen auf der Strecke am Jurafuss und zwischen Winterthur und St.Gallen werden deshalb durch den Einsatz von vorerst 24 Neigezügen und punktuelle Ausbauten der bestehenden Strecke erreicht. Der Vorserienzug befindet sich seit Juli 1998 in der Erprobung. Für die Linien Genf–Neuchâtel–Biel–Zürich und Biel–Basel sehen die Bundesbahnen bis 2005 die Beschaffung von elf weiteren Zügen vor. Dank der Neigetechnik wird auf diesen Strecken die Fahrzeit erheblich verringert.

INFO

Verkehrszeiten: der ICN ist zur Zeit in der Erprobung, die ersten Züge werden ab Herbst 1999 bzw. Frühjahr 2000 zwischen Lausanne, Biel, Zürich und St. Gallen eingesetzt. **Besonderes:** kleines Bordrestaurant mit sieben Tischen. **Spurweite:** 1435 mm.

Triebfahrzeuge: die 24 ICN-Serienzüge (Baureihenbezeichnung RABDe 500) sind mit sieben Wagen 188,8 m lang und 395 t schwer.

Info: Rail-Service 157 22 22

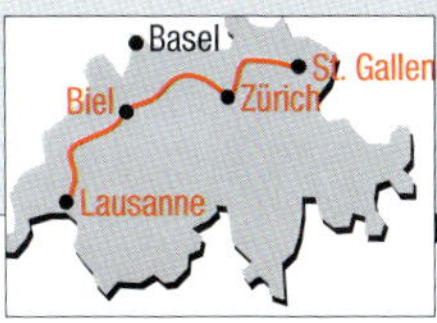

FOTO: RONALD GOHL

Die berühmteste SZU-„Fotokurve“ befindet sich bei der Station Ringlikon.

Mit fast zu viel Promille

Die steilste Normalspur-Adhäsionsbahn Europas

Die Reise auf den 870 m hohen Uetliberg beginnt unterirdisch, nämlich in der SZU-Station unter dem Hauptbahnhof Zürich. Das Tageslicht erreicht der Zug erst nach der ebenfalls unterirdischen Station Selnau. Bei Giesshübel verzweigt sich das Trassee. Links fahren die Pendelzüge das Sihltal hinauf, rechts beginnt der Aufstieg zum Uetliberg. Obwohl die Sihltal–Zürich–Uetliberg-Bahn (SZU) beide Linien betreut, gibt es unterschiedliche Stromsysteme. Auf den Uetliberg fahren die Züge mit Gleichstrom, durchs Sihltal mit Wechselstrom. Beide Linien und Stromsysteme im U-Bahn-Tunnel zu vereinen, war nicht ganz einfach. Auch sonst ist die Uetlibergbahn ein technisches Meisterwerk, denn mit 70 ‰ Steigung gilt sie als steilste Normalspurbahn Europas, die ohne Zahnrad auskommt. In den Neunzigerjahren wurde der Fahrzeugpark der 1875 eröffneten Uetlibergbahn komplett erneuert, seither stehen meist die acht Triebwagen des Typs Be 4/4 im Einsatz. Eine Fahrt auf den Uetliberg ist auch landschaftlich attraktiv, der Aufstieg führt mehrfach durch den Wald.

INFO

Anreise: Zürich ist Bahnknoten und wird aus allen Himmelsrichtungen mit IR, IC oder EC direkt erreicht. **Fahrplanfeld:** 713. **Streckenlänge:** 16 km pro Weg. **Fahrzeit:** 23 min bis Station Uetliberg. **Reservationen:** nicht möglich. **Verkehrszeiten:** das ganze Jahr im 30-Minuten-Takt. **Besonderes:** Die Uetliberg-Strecke wird als S10 geführt. **Spurweite:** 1435 mm.

Triebfahrzeuge: 8 Be 4/4 von 1993, 2 Be 8/8 von 1978, 2 BDe 4/4 „MüXXi“ von 1960 und 1 Ce 2/2 „Häde-Häde“ von 1923

Info: SZU 01/206 45 22

Foto: Ronald Gohl

Ohne Zahnrad und mit 2000 Volt Gleichstrom fährt der Bernina-Express.

Ohne Zahnrad auf 2253 m

Bernina-Express: Noch ein langsamer Schnellzug

INFO

Anreise: Chur wird von EC und IC via Basel und Zürich erreicht, von St.Gallen besteht durchs Rheintal eine IR-Verbindung. **Streckenlänge:** 203 km pro Weg. **Fahrplanfeld:** 940 und 950. **Fahrzeit:** 3 h 52 min bis Tirano, 4 h 08 min bis Chur. **Reservationen:** fakultativ. **Verkehrszeiten:** das ganze Jahr, während der Spitzensaison mehrfach geführt. **Besonderes:** der Bernina-Express ist klimatisiert, es können nicht alle Fenster geöffnet werden. **Spurweite:** 1000 mm.

Triebfahrzeuge: Zwischen Chur und Pontresina wird der Bernina-Express zumeist von den RhB-Schmalspurloks des Typs Ge 4/4 II Nr. 611-633 (11kV/16,7 Hz Wechselstrom) gezogen. Auf der steilen Berninastrecke kommen zwei ABe 4/4 II Nr. 41-49 (2000 Volt Gleichstrom) zum Einsatz.

Info: Rhätia Tours 081/253 31 43

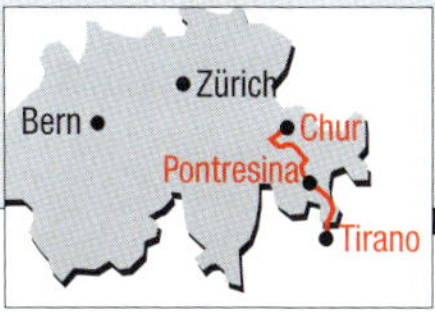

Von den Gletschern zu den Palmen führt eine Reise mit dem Bernina-Express. Durch verwirrende Kehrtunnels und über himmelhohe Viadukte – hier wird Eisenbahn-Spass pur geboten. Unterschiedlicher kann der landschaftliche Genuss kaum sein. Die Reise beginnt in Chur, wo man in die Rhätischen Bahn umsteigt. Sehenswürdigkeiten links und rechts des Schienenstrangs gibt es bereits auf den ersten Kilometern. Nach der Überquerung des 89 m hohen Soliserviaduktes geht es aber erst richtig los. Kurz vor Filisur wird der weltberühmte Landwasserviadukt überquert. Die atemberaubende Albulastrecke wurde nach sechsjähriger Bauzeit im Jahre 1904 eröffnet. Nach dem fast 6 km langen Albula-Scheiteltunnel hat man das Engadin erreicht. In Pontresina wird die Lok gewechselt und weiter gehts ohne Zahnrad bis auf den 2253 hohen Berninapass. Die 54 km lange Talfahrt von Ospizio Bernina führt von den Gletschern bis zu den Tabakfeldern und Palmen im subtropischen Tirano.

FOTO: STADLER FAHRZEUGE AG

Landschaftliches Idyll: Mit den neuen Gelenktriebwagen Bm 596 durchs Hügelland.

Schweizer Bahn in Deutschland

Mittelthurgau-Bahn „erobert" den Bodensee

Die innovative Mittelthurgau-Bahn, bekannt durch Nostalgiefahrzeuge wie den „Orient-Express" oder den „Roten Pfeil", gibt sich mit ihrer Stammstrecke Wil–Weinfelden–Kreuzlingen–Konstanz nicht zufrieden. Von den SBB „übernahm" sie die Bodensee-Linie Schaffhausen–Romanshorn/Rorschach, die nun mit neuer Infrastruktur und neuem Rollmaterial für den Nahverkehr aufgewertet wird. Doch schon vorher expandierte die MThB nach Deutschland. Im Auftrag des Landkreises Konstanz fährt die MThB auf den Gleisen der DB AG, und zwar auf der Linie des „Grossen Seehas" Konstanz–Radolfzell–Singen–Engen. Doch im nahen Deutschland gibt es noch weitere Bahnstrecken, zum Beispiel der 1982 stillgelegte Streckenabschnitt des „Kleinen Seehäsle" Radolfzell–Wahlwies–Nenzingen–Stockach – er wurde ebenfalls von der MThB „übernommen". Hierzu wurde nicht nur die Mittelthurgaubahn-Deutschland GmbH gegründet sondern auch gleich noch drei Dieseltriebwagen vom Typ Bm 596 671-673 angeschafft – damit setzt die MThB erfolgreich auf die Karte des Nahverkehrs.

INFO

Anreise: Kreuzlingen wird via Weinfelden (IC-Halt SBB) – umsteigen in die MThB erreicht. **Fahrplanfeld:** 830 (Seehas), D732 (Seehäsle). **Streckenlänge:** 31 km (Seehas), 17 km (Seehäsle). **Fahrzeit:** 55 min. (Seehas), 22 min. (Seehäsle). **Reservationen:** nicht möglich. **Verkehrszeiten:** das ganze Jahr. **Besonderes:** Schweizer Züge in Deutschland. **Spurweite:** 1435 mm.

Triebfahrzeuge: 3 Dieseltriebwagen Bm 596 (Seehäsle), 6 ABDe 4/4 und 4 RBDe 4/4 (Seehas)

Info: MThB 071/626 31 00

Foto: Roger Haueter

Der Voralpenexpress mit Steuerwagen BDt 622 und neuen Revivo-Wagen bei Altmatt.

Vom Bodensee zum Vierwaldstätter See

Ein Zug, drei Bahnen

INFO

Anreise: Romanshorn wird von Zürich und St. Gallen aus mit dem InterCity der SBB erreicht, von Schaffhausen fährt die MThB bis Romanshorn. **Fahrplanfelder:** 870, 670 und 600. **Streckenlänge:** 185 km pro Weg. **Fahrzeit:** 2 h 45 min pro Weg. **Reservationen:** nicht möglich. **Verkehrszeiten:** das ganze Jahr, direkte Züge alle zwei Stunden. **Besonderes:** SOB, BT und SBB bauen zur Zeit 21 Reisezugwagen für den Voralpenexpress um – neuer Komfort mit Klimaanlage und luftgefederten Drehgestellen. **Spurweite:** 1435 mm.

Triebfahrzeuge: Die SOB-Voralpenexpress-Züge werden von den vier Werbelokomotiven Re 446 446-448 gezogen. Bei der BT kommen sechs Re 4/4 Nr. 91-96 zum Einsatz.

Info: BT 071/228 23 23

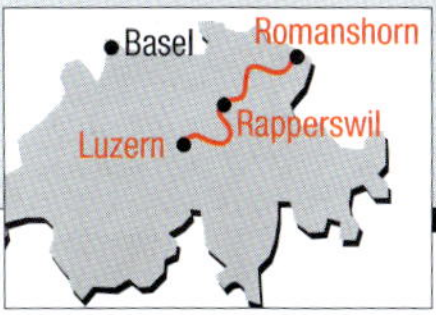

Nicht alle spektakulären Bahnstrecken sind im Alpenraum angesiedelt, eine abwechslungsreiche Route führt von Romanshorn am Bodensee durch das St. Galler Hügelland nach Rapperswil am Zürichsee und weiter über Hochmoorlandschaften der Innerschweiz bis nach Luzern am Vierwaldstätter See. Diese reizvolle Strecke nennt sich „Voralpenexpress" und wird von den SBB, der Bodensee–Toggenburg-Bahn (BT) und der Südostbahn (SOB) betrieben. Die Fahrt quer durch die Schweiz ist eisenbahntechnisch äusserst interessant, hier fährt man zum Beispiel über den höchsten Bahnviadukt der Schweiz. Er überspannt 99 m hoch den Sittertobel bei St. Gallen. Über 100 weitere Viadukte, zahllose Tunnels und Steigungen von bis zu 50 ‰ bestimmen den Streckencharakter. Landschaftlich ein Genuss: Das naturbelassene Hochmoor von Rothenthurm, nordisch anmutende Nadelholzwälder und mächtige Voralpengebirge wie Säntis, Rigi und Pilatus.

Foto: Jakraphan Intha

Direkter Zug der BLS: Interlaken-Ost–Zweisimmen mit Re 4/4 Nr. 186.

Vom Vierwaldstätter See zum Genfer See

Luzern–Montreux: Ein Traum nimmt Form an

INFO

Anreise: Luzern ist Bahnknoten und wird aus allen Himmelsrichtungen schnell mit IC- und EC-Zügen erreicht. **Fahrplanfelder:** 470, 310, 320 und 120. **Streckenlänge:** 237 km pro Weg. **Fahrzeit:** 4 h 46 min pro Weg. **Reservationen:** in den Panoramic-Express-Zügen der MOB obligatorisch, bei BLS und Brünigbahn möglich. **Verkehrszeiten:** das ganze Jahr. **Besonderes:** Brünigbahn und BLS haben einen Anschlusszug mit dem Namen „Golden Pass", er verlässt Luzern am Vormittag. **Spurweite:** 1000 und 1435 mm.

Triebfahrzeuge: 8 Brüniglokomotiven HGe 101 961-968, der direkte „Golden Pass"-Zug der BLS wird mit einer Re 465 oder Re 425 geführt. Die MOB setzt 4 Ge 4/4 8001-8004 ein.

Info: BLS Interlaken 033/826 47 50

Noch ist sie ein Traum, die direkte Verbindung von Luzern am Vierwaldstätter See über Interlaken im Berner Oberland nach Montreux am Genfer See. Das Hindernis ist die Normalspur zwischen Interlaken Ost und Zweisimmen. Doch es soll schon bald durch eine dritte Schiene mit speziellen Weichen aus dem Weg geräumt werden. Dann wäre die Bahn frei für direkte Schmalspurzüge von Vierwaldstätter See zum Genfer See – ein einzigartiges touristisches Angebot, das heute bereits erlebt werden kann. Mit der meterspurigen Brünigbahn gehts von Luzern über Meiringen nach Interlaken-Ost, dort steigt man in einen normalspurigen Zug der BLS Lötschbergbahn um, der über Spiez nach Zweisimmen fährt. Wiederum auf Schmalspur rollen die Panoramazüge der Montreux–Oberland Bernois (MOB). Sehenswürdigkeiten entlang der Strecke gibt es viele: zum Beispiel idyllische Alpenrandseen, Bergbahnen, Rebberge, der Nobelkurort Gstaad und noch viel mehr.

FOTO: SBB-BRÜNIG

Eine Kuriosität am Brünig ist der Chächä, ideal für Familienausflüge.

Freiluftspass mit Open-air Zug

Chächä-Aussichtswagen am Brünig

INFO

Anreise: Giswil wird von Luzern aus mit den Brünig-Schnellzügen erreicht. **Streckenlänge:** 9 km für die Einwegfahrt. **Fahrplanfeld:** 470. **Fahrzeit Chächä:** 1 h 05 min bis Meiringen, 20 min bis Chäppeli. **Reservationen:** obligatorisch. **Verkehrszeiten:** von Juli bis Oktober, jeweils Samstag/Sonntag. **Besonderes:** Bei unsicherem Wetter gibts einen originellen Regenschutz. **Spurweite:** 1000 mm.

Triebfahrzeuge: Gepäcktriebwagen der Baureihe Deh 120. Das mittlere Laufdrehgestell der sechsachsigen Maschine enthält auch die beiden Zahnradantriebe. Die Übertragung der Zahnrad-Zugkraft erfolgt durch zwei separaten Motoren.

Info: Touristbüro Lungern 041/678 14 55

Ein spezieller Zug steht in Giswil bereit: Open-air-Wagen mit numerierten Sitzplätzen und Rundumsicht für Gäste, die die Nase im Wind haben. Aber auch die Lok ist ein seltsames Fahrzeug mit der Achsfolge Bo'2Bo' – diese Anordnung lässt sich auf die vollständige Trennung des Adhäsions- und Zahnradantriebes zurückführen. Die „Chäppeli"-Kapelle und der heimische Rosenkäfer liehen der Zugskomposition den Namen. Chäppelichäfer – eben „Chächä". Vier Teilstrecken stehen zur Wahl: Giswil/Lungern–Chäppeli oder Meiringen/Brünig–Chäppeli bzw. umgekehrt. Wandervögel erreichen das Chäppeli zu Fuss (gute 40 Minuten ab Brünig oder Lungern) und lassen sich bei der Heimkehr chauffieren, zahnradbetrieben und ohne weiche Knie! Das Chäppeli ist übrigens nicht nur ein Wanderparadies. Das kleine Ausflugsziel liegt, eingebettet in saftige Alpweiden, direkt am Bahntrassee – weitab vom Strassenlärm der Brünigroute.

FOTO: VALLY GOHL

Mit dem Schrägaufzug am Fusse der Staumauer überwindet man 210 Höhenmeter.

Nichts für schwache Nerven...

In drei Etappen zum Emosson-Stausee

Schon die Anreise nach Châtelard ist ein kleines Abenteuer, fährt doch der Schmalspurzug über schwindelnde Tiefen durch ein Tal ohne Strasse. In Châtelard steigt man in eine altertümliche Standseilbahn, welche zu den steilsten der Welt gehört. 87 % neigt sich das Trassee, nichts für schwache Nerven – am besten blickt man gar nicht erst nach unten. In Château-d'Eau heisst es erneut umsteigen, und zwar in ein ganz seltsam anmutendes Züglein. Mit seinen kleinen Dieselloks wirkt es fast wie eine Spielzeugeisenbahn. In Wirklichkeit sitzt man in der Kraftwerksbahn mit einer nur wenige Zentimeter breiten Spur. Mit den offenen Aussichtswagen gehts ziemlich eben durch Tunnels, im Westen grüsst das vergletscherte Mont-Blanc-Massiv. Nach 1650 m Fahrt folgt die nächste Etappe, man steigt in einen liftähnlichen Schrägaufzug. Über den Besuchern thornt die gewaltige, 180 m hohe Staumauer des Emosson-Speichers. Der Minifunic jagt in nur zwei Minuten 143 m in die Höhe. Bei der Bergstation La Gueulaz geniesst man einen herrlichen Blick über die 554 m breite Staumauer.

INFO

Anreise: Martigny wird von EC und IC via Lausanne oder Brig erreicht. **Fahrplanfeld:** 2143. **Streckenlänge:** 3217 m pro Weg. **Fahrzeit:** 50 min pro Weg. **Reservationen:** nicht möglich. **Verkehrszeiten:** von Mitte Juni bis Mitte Oktober. **Besonderes:** Der Minifunic funktioniert mit Selbstbedienung. **Spurweite:** 1000 mm (Standseilbahn). 600 mm (Kraftwerksbahn).

Triebfahrzeuge: Standseilbahn mit zwei Wagen, Dieseltraktoren der Kraftwerksbahn und Minifunic mit zwei Kabinen

Info: Funiculaires d'Emosson 027/769 11 11

FOTO: RONALD GOHL

Unter einem dichten Blätterdach geht's über den turmhohen Giessbach-Viadukt.

Über tosende Wasserfälle

Mit der ältesten Gebirgs-Seilbahn der Schweiz

GbB lauten die wenig bekannten Initialen für die am 21. Juli 1879 eröffnete Giessbachbahn. Ein wichtiges Datum, denn es steht auch für die Eröffnung der ersten Gebirgs-Seilbahn der Schweiz, für damalige Verhältnisse ein technisches Wunderwerk. Die Giessbachbahn, halb Zahnrad-, halb Standseilbahn, hat sich seit ihrer Inbetriebnahme kaum verändert. Wer in den nostalgischen roten Wagen Platz nimmt und von der Schiffsanlegestelle zum Hotel Giessbach hinauffährt, vernimmt während der Fahrt ein Rumpeln und Knattern, als würde es das alte Bähnchen nicht mehr bis oben schaffen. Nostalgisch ist aber auch das romantische Grandhotel Giessbach, das von Franz Weber und seiner Stiftung sorgfältig renoviert wurde. Die Giessbachfälle gehören zu den grossartigsten und schönsten Naturschauspielen der Schweiz. Die Wassermassen stürzen über 14 Felsstufen rund 400 m hinab in den Brienzer See. Eine Reise zum Giessbach kombiniert man meist mit einer Dampfschifffahrt auf dem Brienzer See. Die Giessbachbahn fährt mit Anschluss auf die Schiffe.

INFO

Anreise: Giessbach wird von Interlaken oder Brienz mit dem Schiff erreicht, das Bähnchen verkehrt zwischen Schiffstation und Hotel. **Fahrplanfeld:** 2470. **Streckenlänge:** 330 m pro Weg. **Fahrzeit:** 4 min. **Reservationen:** nicht möglich. **Verkehrszeiten:** von Juni bis Mitte Oktober. **Besonderes:** die offenen Nostalgiewagen überwinden einen Höhenunterschied von 90 m. **Spurweite:** 1000 mm.

Triebfahrzeuge: Zwei alte Holzwagen aus dem Jahre 1879, sie versehen noch immer zuverlässig ihren Dienst. Der Antrieb befindet sich im Gebäude der Bergstation.

Info: Giessbach Hotel 033/951 35 35

FOTO: RONALD GOHL

Ihrer grellen Farbe verdanken die WAB-Triebwagen den Spottnamen „Aromatdose".

Top of Europe

Per Zahnrad zur höchsten Bahnstation Europas

Das Jungfraujoch thront über dem autofreien Kurort Wengen und wartet nicht nur mit landschaftlichen Höhepunkten, sondern auch mit einem eisenbahntechnischen Europarekord auf. Hier oben, auf 3454 m ü.M., befindet sich die höchste Eisenbahnstation Europas. Damit hat sich das Jungfraujoch auch die Bezeichnung „Top of Europe" verdient. Die Anfahrt erfolgt von Interlaken über Lauterbrunnen, Wengen und Kleine Scheidegg. Erste Umsteige-Etappe der mehrstündigen Bahnfahrt ist Lauterbrunnen auf 796 m ü.M. Gleich neben den Meterspurzügen der Berner Oberland-Bahnen (BOB) warten die grünen Triebwagenzüge der Wengernalp-Bahn (WAB). Eisenbahnkenner beobachten, dass gleich nach der Abfahrt schon etwas passiert, dass andernorts undenkbar wäre: mehrere Züge der WAB fahren im Konvoi mit Sichtkontakt zum vorderen Zug. Signale gibt es zwischen Lauterbrunnen, Wengen, der Kleinen Scheidegg und Grindelwald nur an den neu ausgebauten Kreuzungsstationen. Zusammenstösse kennt man praktisch nicht, das ist bei einer Höchstgeschwindigkeit von 22 bis max. 28 km/h auch nicht weiter verwunderlich. Eine weitere Spezialität: Die Züge verkehren bei Föhnstürmen nicht, denn es kam auch schon vor, dass ein neuer Doppeltriebwagen von einer Windböe von den Schienen geblasen wurde. Im neuen Bahnhof von Wengen (1275 m ü.M.) macht der Zug unliebsam lange Halt. Eigentlich sind es nur sechs Minuten, doch die werden in der Erwartung des weltberühmten Dreigestirns Eiger, Mönch und Jungfrau zur Ewigkeit. Schliesslich rattert die Zahnradbahn weiter über Wengernalp zur Kleinen Scheidegg (2061 m ü.M.) hinauf. Hier muss wieder umgestiegen werden, denn WAB und Jungfrau-Bahn (JB) haben keine kompatiblen Spurweiten. Und so fragt man sich eben, weshalb die sonst so weit blickenden Bergbahnpioniere sich nicht auf eine einheitliche Gleisbreite einigen konnten.

Nach einer kleinen Wartezeit auf der Kleinen Scheidegg, die zwischen Alphornbläsern, Bernhardinerhunden und Touristen aus dem Land der untergehenden Sonne kurzweilig verstreicht, beginnt das Abenteuer der Rekordfahrt aufs Jungfraujoch. Das erste Teilstück der Zahnradstrecke bis zum Eigergletscher verläuft noch unter freiem Himmel. Doch dann verschwindet die Jungfrau-Bahn im Tunnel, den sie bis zur Bergstation nicht mehr verlässt. Damit die Touristen dennoch etwas von der Hochgebirgswelt mitbekommen, gibt es bei den Stationen Eigerwand und Eismeer kurze Aussichtshalte. Das spielt sich ungefähr so ab: Platz mit Kleidungsstück besetzen, mit der Kamera nach draussen eilen und das Objektiv an die Fensterscheibe pressen. Auch im Tunnel fahren die Züge der Jungfrau-Bahn (JB) im Konvoi. Und nach einer knappen Stunde Fahrt durch den 7222 m langen Tunnel ist das Ziel erreicht. Top of Europe, 3454 m hoch.

INFO

Anreise: via Interlaken Ost nach Lauterbrunnen, dort umsteigen in die Zahnradzüge der Wengernalpbahn, ab Kleine Scheidegg mit der Jungfraubahn. **Streckenlänge:** 19,1 km (WAB) 9,3 km (JB). **Fahrplanfeld:** 311/312. **Fahrzeit:** 1 h 53 min pro Weg ab Lauterbrunnen, 1 h 34 min pro Weg ab Grindelwald. **Reservationen:** nur für Gruppen. **Verkehrszeiten:** das ganze Jahr. **Besonderes:** Nur eine Wagenklasse. Für Gruppen können ab Kleine Scheidegg auch die alten Rowan-Holzzüge gemietet werden. **Spurweite:** 800 mm (WAB) und 1000 mm (JB).

Triebfahrzeuge: WAB – vier Doppeltriebwagen des Typs BDhe 4/8 (Baujahr 1988) und 24 Triebwagen der Serie BDhe 4/4 (Baujahre 1947-70), die in drei Versionen gebaut wurden; JB – vier neue Doppeltriebwagen des Typs BDhe 4/8 (Baujahr 1992–93) oder die etwas älteren Vierachser der Baureihe BDhe 2/4 (Baujahre 1955–1966), meist mit Steuerwagen Bt unterwegs.

Info: Jungfraubahnen 033/828 71 11

Das erste Teilstück Kleine Scheidegg–Eigergletscher verläuft nicht im Tunnel; im Hintergrund die Eigernordwand.

Das Jungfraujoch bietet eine grandiose Aussicht auf den Grossen Aletschgletscher und die umliegenden Viertausender der Berner Alpen. Zu den Attraktionen gehören der Sphinx-Lift, der Eispalast, eine Schlittenhundfahrt. Etwas verwirrend sind die Stollengänge, die immer wieder wo anders hin führen und auch der Bahnhof scheint aus verschiedenen Katakomben zu bestehen. Die anschliessende Talfahrt ruft dann bei den meisten Passagieren, vermutlich wegen des Höhenunterschieds, die grosse Müdigkeit hervor.

Foto: Ronald Gohl

FOTO: RONALD GOHL

Harte Holzbänke, rumpelnde Züge – Nostalgie wie anno dazumal.

Mit „Belle-Epoque" ins 21. Jahrhundert

Nostalgiezüge auf die Schynige Platte

Wenns mal regnet, kann es vorkommen, dass der Berg zum „schynen" kommt (Berner Oberländer Mundartausdruck für „rutschen"). Damit ist erklärt, wie die 1987 m hohe Schynige Platte zu ihrem Namen kam. Wie der Berg dem Tourismus dienstbar gemacht wurde, ist eine ganz andere Geschichte. Am 14. Juni 1893 nahm die Zahnradbahn ihren Betrieb auf, machte jedoch zwei Jahre später schon Pleite. Die gesamte Anlage wurde in der Folge für 865 000 Franken an die Berner Oberland-Bahnen (BOB) verkauft, die noch heute die Schynige Platte-Bahn betreiben. Das Rollmaterial scheint ebenfalls noch aus der Gründerzeit zu stammen. Die gemütlichen Sommer-Nostalgiewagen sind seit der ersten Stunde dabei, die ältesten Elektrotriebwagen seit der Elektrifizierung im Jahre 1914. Heute denkt niemand mehr daran, das altertümliche Rollmaterial zu ersetzen, es wird liebevoll gepflegt und von den Ausflüglern geschätzt – auch wenn die Holzbänke während der einstündigen Bergfahrt etwas gar unbequem erscheinen. Und manchmal hegt man sogar den Verdacht, man käme zu Fuss schneller voran...

INFO

Anreise: von Interlaken Ost mit der schmalspurigen BOB bis Wilderswil. **Streckenlänge:** 7,2 km. **Fahrplanfeld:** 314. **Fahrzeit:** 52 min bis Schynige Platte, Talfahrt ebenfalls 52 min. **Reservationen:** nur für Gruppen. **Verkehrszeiten:** von Juni bis Oktober. **Besonderes:** Signale gibt es auf der 7,2 km langen Strecke keine, gefahren wird auf Sicht. **Spurweite:** 800 mm.

Triebfahrzeuge: Die schrulligen Maschinchen der Baureihe He 2/2 sind grün, rostrot oder feuerrot-crème und rumpeln über die Schienen aus der Gründerzeit.

Info: Bahnhof Wilderswil 033/828 73 51

FOTO: RONALD GOHL

Parallel zum BLM-Trassee verläuft ein Wanderweg mit schönen Fotostandpunkten.

Über dem achthundert Meter tiefen Abgrund

Panoramabahn Grütschalp–Mürren

„Wie ist die Bahn eigentlich auf den Berg gekommen", fragt sich so manch ein Reisender, der auf der Grütschalp angekommen ist und am Gleis der Bergbahnen Lauterbrunnen–Mürren (BLM) steht. Es gibt keine Strasse hier hinauf und das Züglein fährt auf einer schmalen Terrasse, die gegen Osten etwa 800 m senkrecht abfällt. Und doch verkehren hier vierachsige Adhäsions-Triebwagen. Die BLM gilt als Panoramabahn sondergleichen, denn hinter den Fenstern zieht die gesamte Hochgebirgspracht der Berner Alpen vorbei. Und nun noch zum Rätsel, wie die Eisenbahnfahrzeuge hier hinauf gekommen sind. Man hat sie kurzerhand auf das Gleis der Standseilbahn Lauterbrunnen–Grütschalp gestellt und dann mit dem Seil hochgezogen. Oben angekommen, war eine umständliche und nicht ganz ungefährliche Rangiererei von der für ein solches Fahrzeug ganz ungewöhnlichen Schräglage in die gewohnte Waagrechte notwendig. Zum Glück müssen die Fahrzeuge nicht mehr umziehen, denn die Werkstätte befindet sich ebenfalls auf dem Berg.

INFO

Anreise: Lauterbrunnen wird von Interlaken-Ost mit den Berner Oberland-Bahnen erreicht. Weiter zur Grütschalp gehts mit der Standseilbahn. **Fahrplanfeld:** 313. **Streckenlänge:** 5,7 km (inkl. Standseilbahn) pro Weg. **Fahrzeit:** 28 min pro Weg. **Reservationen:** nicht möglich. **Verkehrszeiten:** das ganze Jahr. **Besonderes:** Der Nostalgietriebwagen kann von Gruppen gemietet werden. **Spurweite:** 1000 mm.

Triebfahrzeuge: Drei Be 4/4 Nr. 21-23 aus dem Jahre 1967, ein Holztriebwagen BDe 2/4 von 1913.

Info: Jungfraubahnen 033/828 71 11

FOTO: BRIENZ–ROTHORN-BAHN

Grosser Andrang bei der Zwischenstation Planalp: Hier wird Wasser nachgefüllt.

Frischdampf braucht der Berg

Viel Betrieb mit zehn Dampfloks am Brienzer Rothorn

INFO

Anreise: mit der schmalspurigen Brüniglinie von Luzern oder Interlaken Ost bis Brienz. **Streckenlänge:** 7,6 km pro Weg. **Fahrplanfeld:** 475. **Fahrzeit:** 1 h bis Brienzer Rothorn, Talfahrt ebenfalls 1 h. **Reservationen:** nur für Gruppen. **Verkehrszeiten:** von Juni bis Oktober. **Besonderes:** Bei Spitzenverkehrszeiten während der Hochsaison kann es auch vorkommen, dass einige Züge mit Dieseltraktion geführt werden. **Spurweite:** 800 mm.

Triebfahrzeuge: Die drei neuen Dampflokomotiven sind vom Typ H 2/3, Betriebsnummern 12, 14 und 15. Ältestes Feuerross ist die Lok 2 mit Baujahr 1891; gleich alt ist die Lok 5, sie war bis 1912 allerdings bei der Wengernalpbahn.

Info: Brienz–Rothorn-Bahn 033/952 22 22

Weltweite Beachtung findet die Berner Oberländer Dampfzahnradbahn aufs Brienzer Rothorn. Die Talstation liegt am See auf 566 m, die Bergstation auf 2244 m – auf der 7,6 km langen Strecke überwinden die Züge also einen Höhenunterschied von 1678 m. Das erfordert täglich harten Einsatz der zum Teil über 100-jährigen Feuerbüchsen. Um die musealen Maschinen etwas zu schonen, gab die Brienz-Rothorn-Bahn (BRB) unlängst den innovativen Anstoss zur Entwicklung von neuen Dampflokomotiven. Bei der Schweizerischen Lokomotiv- und Maschinenfabrik (SLM) Winterthur wurde die Idee aufgenommen – und mittlerweise konnten drei fabrikneue Dampfloks (Baujahre 1992–96) in Betrieb genommen werden. Diese Triebfahrzeuge sind kleine ölgefeuerte Hightech-Geräte. Einen Heizer sucht man auf dem Führerstand vergeblich, für die Einmannbedienung ist Totmannspedal und Wachsamkeitseinrichtung vorhanden. Ein elektrisches Vorheizgerät sorgt

dafür, dass schon in den frühen Morgenstunden bei der unbeaufsichtigten Lok der nötige Dampfdruck aufgebaut wird. Die Bahn ist in ihrer Art wohl einzigartig auf der Welt.
Aber auch die Dampfveteranen kommen zum Einsatz, wenn an Spitzentagen im Sommer bis zu 2000 Ausflügler befördert werden müssen. Die mit Kohle gefeuerten Lokomotiven Nr. 1, 2 und 5 stammen noch aus den ersten Betriebsjahren 1891/92. Die Maschinen Nr. 6 und 7, Baureihe He 2/2, sind etwas rüstiger. Sie wurden 1933 und 1936 erbaut. Somit ist die Brienz–Rothorn-Bahn weltweit die einzige Bahngesellschaft, welche Dampflokomotiven aus drei Generationen besitzt (Gründung, kurz vor Ende der Dampfzeit, Renaissance der Dampftraktion).

Seinen ganz besonderen Reiz verdankt das Brienzer Rothorn seiner einzigartigen Lage. Am Fuss des Brienzer Sees reicht das Panorama über den ganzen Bogen der Berner Alpen. Finsteraarhorn, Eiger, Mönch, Jungfrau, Blüemlisalp und viele andere vergletscherte Eisriesen gilt es zu bewundern. Doch auch gegen Norden zu hat die Aussicht einiges zu bieten: Tiefblick nach Sörenberg, Weitblick übers Emmental und Entlebuch. Eine „Bahnwanderung“ kann ebenfalls unternommen werden: in etwa zwei Stunden steigt man von der Bergstation zur Mittelstation Planalp ab. Die rund 900 Höhenmeter gehen einem dabei ganz schön in die Knie. Dafür kommen Bahnfans auf ihre Kosten, denn unterwegs bieten sich herrliche Fotostandpunkte.

Foto: Ronald Gohl

Das Echo der schnaufenden Dampfloks hallt von den Bergwänden im engen Tal.

Farbiges Rigi-Bähnchen und Panorama-Landschaft: ein Stück typische Schweiz.

Hoch über dem Nebel

Rigi: erste Zahnradbahn der Alpen

INFO

Anreise: vom Hauptbahnhof Luzern mit dem Schiff über den Vierwaldstätter See bis nach Vitznau. **Streckenlänge:** 15,5 km von Vitznau über Rigi nach Arth-Goldau. **Fahrplanfelder:** 602 und 603. **Fahrzeit ab Vitznau:** 30 min bis Rigi Kulm, Talfahrt 40 min. **Reservationen:** nur für Gruppen. **Verkehrszeiten:** das ganze Jahr. **Besonderes:** Regelmässig finden auch Dampftage mit verschiedenen Dampfzahnradlokomotiven statt. **Spurweite:** 1435 mm.

Triebfahrzeuge: viele verschiedene und interessante Triebwagen, darunter auch Elektroveteranen und Dampflokomotiven. Die neusten Triebwagen sind vom Typ Bhe 4/4 (VRB) und BDhe 4/4 (Baujahr 1982).

Info: Rigi-Bahnen 041/399 87 87

Das Jahr 1871 ging als Meilenstein in die Geschichte der Eisenbahn ein, damals nahm die erste Zahnradbahn der Alpen, die Vitznau–Rigi-Bahn (VRB) ihren Betrieb auf. Seit 1875 führen ab Rigi-Staffel zwei parallel verlegte Geleise zum weitherum berühmten Ausflugsgipfel Rigi Kulm (1797 m ü.M.). Das eine wurde von der VRB, das andere von der Arth–Rigi-Bahn (ARB) erstellt. Vor der Fusion im Mai 1992 lieferten sich die beiden Zahnradbahn-Unternehmen einen harten Konkurrenzkampf. Zwei Weichen ermöglichen erst seit dem 12. Juli 1990 einen Rollmaterialtausch der rot-weissen (ARB) und blau-weissen (VRB) Züge. Heute läuft die Zahnradbahn unter dem Rigi-Label und man denkt sogar schon an Abbruch; so soll die revisionsbedürftige Strecke der einstigen ARB eingestellt und durch eine Gondelbahn ersetzt werden. Noch steht nichts fest und viele Arther wehren sich dagegen. Deshalb kann man die Zeit noch nutzen, um die Strecke mit ihren

vielen Kunstbauten auf den Film zu bannen. Besonders im Herbst lohnt es sich auf die Rigi zu fahren, dann nämlich wird der ins Flachland hineinragende Alpenausläufer meist von einem Nebelmeer umgeben.
Für Eisenbahnfans ist der Juli ein wichtiges Datum, dann findet die jährlich weit herum bekannte Fahrzeugparade statt. VRB wie ARB verfügen über einen respektablen Fahrzeugpark mit vielen historischen Fahrzeugen. Nebst zwei Dampflokomotiven (eine weitere steht betriebsbereit im Verkehrshaus der Schweiz und wird gelegentlich an ihrem Heimatberg eingesetzt) sowie vier Elektroveteranen (zwei Lokomotiven und zwei Triebwagen) stellen sich nebst vielen anderen interessanten Fahrzeugen auf der Rigi Staffel auf und fahren anschliessend einzeln oder parallel zur Freude der angereisten Bahnfans und Fotografen zur Bergstation Rigi Kulm.
Aber auch sonst ist viel los an der Rigi: Im Juli fahren die Dampfzüge fast täglich von Vitznau zur Bergstation, im August ist dann die Strecke von Arth-Goldau an der Reihe. Interessierte Eisenbahnfans erfragen die genauen Daten bei der Rigibahn-Verwaltung.
In jüngster Zeit gibt es auch im Winter öffentliche Dampffahrten.
Bereits 1906/1907 elektrifizierte die Arth-Rigi-Bahn ihre Strecke und schaffte fünf Triebwagen an. Diese Fahrzeuge waren rund herum geschlossen und ermöglichten eine – so die damalige Werbung „russfreie, durch keinen Rauch gestörte Fahrt". 1937 folgte auch die VRB mit der Elektrifizierung.
Im Herbst und im Winter liegt meist dicker Nebel über dem Vierwaldstättersee. Dann lohnt es sich natürlich ganz besonders auf die Rigi zu fahren, denn sie ragt fast immer aus der ungemütlichen „Suppe". Züge fotografieren kann man im Herbst auf den Wanderwegen (Kulm–Staffel–Kaltbad) oder im Winter neben den Pisten.

FOTO: URSULA FISCHER

Jeweils im Juli findet zwischen Staffel und Kulm die beliebte Fahrzeugparade statt.

FOTO: VALLY GOHL

Nervenkitzel und seltsame Weichen auf der steilsten Zahnradbahn der Welt.

Viel Promille am Berg

Pilatus: steilste Zahnradbahn der Welt

INFO

Anreise: mit dem Schiff vom Hauptbahnhof Luzern nach Alpnachstad. **Streckenlänge:** 4,3 km für die Einwegfahrt. **Fahrplanfeld:** 473. **Fahrzeit:** 40 min bis Pilatus Kulm, Talfahrt 50 min. **Reservationen:** nur für Gruppen. **Verkehrszeiten:** von Mai bis Oktober. **Besonderes:** Die Züge verkehren auf Sicht in einem Abstand von 50–100 m, die Kreuzungsstelle befindet sich auf der Alp Ämsigen. **Spurweite:** 800 mm.

Triebfahrzeuge: Die Wagen des Typs Bhe 1/2 sind bereits 1937 (Nr. 21–28) gebaut worden und weisen zwei Motoren auf. Sie erbringen eine Stundenleistung von 210 PS – das ist auch nötig, denn es müssen auf den 4,3 Streckenkilometern deftige 1623 m Höhenunterschied überwunden werden.

Info: Pilatusbahn 041/329 11 11

Eine Bahn fürs Guinnessbuch der Rekorde findet man am Pilatus, dem Luzerner Hausberg. Doch aufgepasst, eine Fahrt in den kleinen roten Bähnchen ist nichts für Leute mit Höhenangst. 48 Promille Steigung ist ein absoluter Weltrekord für eine Bahn mit Eigenantrieb. Oder anders ausgedrückt: das Trassee windet sich an einer lotrecht abfallenden Felswand in die Höhe. Wenn das mal gutgeht... Halt, Entgleisungsgefahr besteht nicht. Mit den etwas überhöhten Laufschienen sind die Zahnreihen in die Stahlstange eingefräst, so wird das Entgleisen der Fahrzeuge verunmöglicht. Geistiger Vater dieser Idee war Eduard Locher (1840–1910), der im Auftrag der Luzerner eine zweite „Rigi"-Bahn baute, denn die Konkurrenz von der anderen Seite des Vierwaldstätter Sees stiess auf wenig Gegenliebe. Genial sind auch die Weichen, sie gehen in die dritte Dimension und werden je nach Fahrtrichtung horizontal gewendet; also die Oberseite für das Stammgleis, die Unterseite für die Abzweigung.

FOTO: ARCHIV LAN

Drei neue Triebwagen vom Typ Bhe 4/8 beschaffte sich die Bahn im Jahre 1983.

Zurück zum Dampf

„Vapeur Evasion" am Rochers de Naye

INFO

Anreise: mit dem InterCity von Bern über Lausanne (umsteigen) nach Montreux. **Streckenlänge:** 10,3 km pro Weg. **Fahrplanfeld:** 121. **Fahrzeit:** 55 min bis Rochers de Naye, Talfahrt ebenfalls 55 min. **Reservationen:** nur für Gruppen. **Verkehrszeiten:** ganzes Jahr, von Mitte Oktober bis Mitte Dezember nur Samstag/Sonntag. **Besonderes:** Im Bahnhof Montreux treffen drei unterschiedliche Spurweiten aufeinander. **Spurweite:** 800 mm.

Triebfahrzeuge: Neben der besagten Dampflok gibt es noch eine nostalgische Elektrolok der Baureihe HGe 2/2, zahlreiche vierachsige Triebwagen (ABeh 2/4) und die drei neuen Gelenktriebwagen vom Typ Bhe 4/8 (Baujahr 1983).

Info: Groupe MOB 021/989 81 81

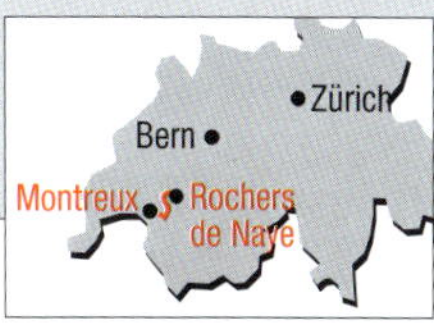

Dass man Dampfzüge gut vermarkten kann, haben längst auch Bergbahnen erkannt. Vorbei sind die Zeiten, wo man die russenden und fauchenden Feuerbüchsen dem sogenannten Fortschritt opferte. Viel zu früh hat sich die Zahnradbahn am Rochers de Naye von ihrer Dampftraktion getrennt, deshalb entschied der Verwaltungsrat eine neue Dampflok bei der Schweizerischen Lokomotiv- und Maschinenfabrik SLM zu bauen. Seither verkehrt diese Lok mit der Baureihenbezeichnung H 2/3 Nr. 1 mit drei offenen Vierachserwagen am 1973 m hohen Panoramaberg über dem Vierwaldstätter See. An schönen Wochenenden finden Publikumsfahrten statt, sonst kann der Nostalgiezug von Gruppen gemietet werden. Oben angekommen, geht man durch einen langen Tunnel zum Restaurant „Plein-Roc". Es „hängt" an einer senkrecht abfallenden Felswand und der Blick reicht über den Genfer See bis zu den Savoyer Alpen mit dem Montblanc.

FOTO: RONALD GOHL

Blick vom Führerstand eines BVB-Triebwagens auf den Bahnhof Villars.

Kletterkünstler über dem Rhonetal

Die Bex–Villars–Bretaye-Bahn (BVB)

Nicht schlecht, das rote Meterspurbähnchen übrwindet zwischen Bex im Rhonetal und dem Col de Bretaye 1397 Höhenmeter auf nur 17,1 Streckenkilometern. Die Reise mit der BVB (nicht zu verwechseln mit den Basler Verkehrsbetrieben = BV) kann in vier Abschnitte gegliedert werden. Zunächst fährt der Zug von Bex auf 411 m ü.M. durchs flache Rhonetal bis Bèvieux. Dort beginnt der Aufstieg mittels Zahnstange und Zahnrad nach Gryon (1131 m) hinauf. Ziemlich eben ist der dritte Abschnitt zwischen Gryon und dem Ferienort Villars (1253 m), hier fährt der Zug sogar teilweise auf der Strasse. Wer noch weiter hinauf will, steigt um – die Züge könnten theoretisch zwar bis ins 1808 m hoch gelegene Ski- und Wandergebiet des Col de Bretaye fahren, tuns aber nicht. Das stört weiter niemand, denn bei dieser Gelegenheit kann man sich etwas am Bahnhof umsehen. Die Fahrzeuge der BVB sind nicht uninteressant. Hat man den Col de Bretaye erreicht, gehts vielleicht zu Fuss nach Bretaye hinunter, natürlich entlang der Bahnstrecke mit vielen Fotostandpunkten.

INFO

Anreise: Bex wird durch das Rhonetal erreicht. Nicht jeder Schnellzug hält hier. **Fahrplanfeld:** 127 und 128. **Streckenlänge:** 17,1 km, davon 9,3 km mit Zahnstange. **Fahrzeit:** 1 h 04 min bis Col de Bretaye. **Reservationen:** nur für Gruppen. **Verkehrszeiten:** das ganze Jahr, in der Zwischensaison stark eingeschränkt. **Besonderes:** dem Wagenführer über die Schulter sehen. **Spurweite:** 1000 mm.

Triebfahrzeuge: Triebwagen und Zahnradlokomotiven im Schiebedienst.

Info: Bahnhof Villars 024/495 21 15

FOTO: RONALD GOHL

Unter haushohen Schneewänden verschwinden die Triebwagen auf dem Gornergrat.

Das Matterhorn auf dem Rücksitz

Spektakuläre Bahnfahrt in Zermatt

INFO

Anreise: Zermatt wird mit der BVZ Zermattbahn von Brig aus erreicht. Nach Brig gelangt man von Bern aus über den Lötschberg. **Fahrplanfeld:** 142. **Streckenlänge:** 9,3 km pro Weg. **Fahrzeit:** 43 min pro Weg. **Reservationen:** nur für Gruppen. **Verkehrszeiten:** das ganze Jahr, in der Zwischensaison stark eingeschränkt – in der Hochsaison zusätzliche Sportzüge zwischen Riffelberg und Gornergrat. **Besonderes:** nur eine Wagenklasse, Konvoizüge mit Sichtbetrieb. **Spurweite:** 1000 mm.

Triebfahrzeuge: Vier neue Gelenktriebwagen Bhe 4/8 Nr. 3051-3054, vier Gelenktriebwagen der gleichen Baureihenbezeichnung aus den Jahren 1975/76 sowie zwölf Vierachser.

Info: GGB Direktion Brig 027/922 43 11

4477 m hoch ist die Edelpyramide von Zermatt, in der ganzen Welt als Matterhorn bekannt. Zermatt ohne Matterhorn wäre etwa gleich viel wie New York ohne Wolkenkratzer. Dabei verstellt ein Bergrücken die halbe Aussicht vom Dorf auf das Matterhorn. Wer mehr sehen will, fährt höher hinauf, zum Beispiel aufs 3089 m hohe Gornergrat. Dort hinauf gelangt man vom Bahnhof Zermatt aus mit einer Zahnradbahn, die seit ihrer Eröffnung im Jahre 1898 elektrisch fährt. Während der 9,3 km langen Fahrt geniesst man die Aussicht auf die Viertausender. Und selbst auf 3000 m ü.M. gibts noch blumenübersäte Wiesen, 300 Schmetterlingsarten und Bergseen wie aus dem Lehrbuch für Postkartenfotografen. Fast hat man den Eindruck, dass Matterhorn sitze mal auf dem Rücksitz, mal neben uns und dann wie vor uns – ganz und gar nicht vergessen darf man dabei den Monte Rosa, mit 4634 m der höchste Berg im Land!

Foto: Ronald Gohl

Die beiden Gelenktriebwagen Bhe 4/8 Nr. 11 und 12 warten auf die Talfahrt.

Das Migros-Bähnchen

Zahnradbahn auf den Monte Generoso

Die Migros ist der grösste Schweizer Lebensmittelmarkt mit Filialen in allen grösseren Orten. Daneben hat die Genossenschaft auch Tankstellen, Reisebüros, Schokoladenfabriken und eben eine Zahnradbahn im südlichsten Winkel der Schweiz. Ausgangspunkt für eine Fahrt auf den Monte Generoso ist Capolago (274 m) am Luganer See. Die Triebwagen klettern von hier aus einer Felswand entlang zur Zwischenstation Bellavista (1221 m) hinauf. Das Trassee wurde regelrecht in den Fels gemeisselt, denn beim Hinuntersehen neigt man zu Schwindel. Rund 100 m unter dem Generoso-Gipfel endet die Zahnradbahn auf 1602 m ü.M. Von hier aus kann man über den gemütlichen Panoramaweg in etwas mehr als einer Stunde zur Mittelstation Bellavista absteigen. Eisenbahnfans werden jedoch enttäuscht, denn der Zug fährt so weit oben, dass er nur an ganz wenigen Stellen fotografiert werden kann. Die Ferrovia Monte Generoso (MG) ist übrigens die letzte elektrifizierte Bahn der Schweiz. Bis 1953 dampften die Feuerrösser, bis 1984 brummten Dieselloks den Berg hinauf.

INFO

Anreise: Capolago wird mit dem Regionalzug von Lugano aus erreicht. **Fahrplanfeld:** 636. **Streckenlänge:** 9 km pro Weg. **Fahrzeit:** 55 min pro Weg. **Reservationen:** nur für Gruppen. **Verkehrszeiten:** Mitte Mai bis Mitte November. **Besonderes:** Auf Bestellung fährt der Belle Epoque-Zug mit Dampf. **Spurweite:** 800 mm.

Triebfahrzeuge: Vier Gelenktriebwagen Bhe 4/8 Nr. 11-14 (Baujahr 1982), zwei Dieselfahrzeuge Thm 2/2 und Thm 2/3 sowie die Dampflok H 2/3 Nr. 2 (Baujahr 1890).

Info: Generoso-Bahn 091/648 11 05

Foto: Vally Gohl

Die längste Überlandstrassenbahn fährt sogar durch den französischen Sundgau.

Das längste Tram Europas

Baselland-Transport (BLT)

INFO

Anreise: Basel wird von EC und IC via Bern und Zürich erreicht, von Delémont besteht durchs Birstal eine IC-Verbindung. **Fahrplanfeld:** 505. **Streckenlänge:** 17 km nach Rodersdorf, 9 km nach Basel. **Fahrzeit:** 40 min bis Rodersdorf, 21 min bis Dornach. **Reservationen:** nicht möglich (Tram). **Verkehrszeiten:** das ganze Jahr, während der Spitzensaison alle 20 Minuten. **Besonderes:** keine Billettkontrolle im Zug. **Spurweite:** 1000 mm.

Triebfahrzeuge: Auf der Strassenbahnlinie 10 verkehren die Tramwagen vom Typ Be 4/8 Nr. 201-266 sowie Be 4/6 Nr. 101-115. Die grösseren Motorwagen sind mit einem Niederflurteil, der sogenannten „Sänfte" ausgestattet.

Info: BLT 061/406 11 11

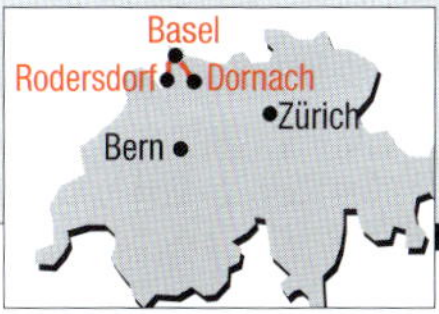

Gleich zwei Rekorde darf die Baselland-Transport AG für sich in Anspruch nehmen: Zum einen gilt die 25,6 km lange Strecke von Dornach über die Stadt Basel nach Therwil und Rodersdorf als längste Überlandstrassenbahnlinie Europas, zum anderen ist der Tramzug mit einer Länge von rund 50 m (zwei aneinandergekoppelte Gelenkmotorwagen) die längste Strassenbahn der Schweiz. Die Reise mit der Linie 10 beginnt für Bahntouristen am Basler Aeschenplatz (eine Haltestelle vom Hauptbahnhof entfernt, Linie 8 nehmen), wo man sich entscheiden muss, ob man nun nach Dornach oder Rodersdorf fährt. Rodersdorf lohnt sich mehr, denn in Leymen finden sogar Grenzkontrollen statt. Zwischen Ettigen und Rodersdorf fährt der 10-er richtig übers Land, und zwar durch den französischen Sundgau – ein attraktives Wandergebiet. Pro Jahr benutzen über elf Millionen Fahrgäste das Tram, sie werden beim Einsteigen von Sensoren gezählt.

Foto: Ronald Gohl

Gepäcktriebwagen BDe 4/4 Nr. 13 bei Hölstein im Waldenburgertal.

Auf schmaler Spur ins Baselbiet

Eine Fahrt mit der Waldenburger-Bahn (WB)

INFO

Anreise: Liestal wird mit dem IC von Basel, Luzern und Bern erreicht; Achtung, nicht jeder InterCity hält. **Fahrplanfeld:** 502. **Streckenlänge:** 13,1 km pro Weg. **Fahrzeit:** 24 min pro Weg. **Reservationen:** nur für Gruppen. **Verkehrszeiten:** das ganze Jahr im Stundentakt, je nach Tageszeit auch Halbstundentakt. **Besonderes:** nur eine Wagenklasse, Dampfzüge nach besonderem Fahrplan (nur an Sonntagen). **Spurweite:** 750 mm.

Triebfahrzeuge: Der erste neue Gepäcktriebwagen vom Typ BDe 4/4 wurde im Jahr 1985 an die WB geliefert. Sechs weitere folgten zwischen 1986 und 1993. Betriebsnummern 11-17. Das achte Triebfahrzeug der WB ist die Dampflok G 3/3 Nr. 5 (Baujahr 1902).

Info: WB 061/965 94 94

Ausgangspunkt einer Reise ins Waldenburgertal ist der Baselbieter Kantonshauptort Liestal. Das Gleis der Waldenburger-Bahn (WB) ist mit 750 mm Spurweite etwa halb so breit wie jenes der SBB. Auf den ersten hundert Metern verläuft das Trassee parallel zum „grossen Bruder", zweigt dann rechts ab und quert die grosse Ebene von Bad Bubenberg. Das historisch wertvolle und vorbildlich restaurierte Stationsgebäude ist sehenswert. Die Reise geht weiter über Lampenberg, Hölstein, Niederdorf und Oberdorf bis nach Waldenburg. Hier haben sich schon um die Jahrhundertwende Uhrenfabriken niedergelassen. Zu den Sehenswürdigkeiten gehört die Altstadt und ein Spaziergang ziur Burgruine auf dem Schlossberg. An mehreren Sonntagen im Jahr verkehren von Liestal nach Waldenburg auch Dampfzüge für jedermann. Mit den sieben neuen Triebwagen bewältigt die WB den gesamten Agglomerations- und Ausflugsverkehr im Waldenburgertal.

Foto: Bremgarten–Dietikon-Bahn

Seit 1993 sind die 37,4 m langen Be 4/8 zwischen Dietikon und Wohlen unterwegs.

Kleiner Pass am Weg

Dietikon–Bremgarten–Wohlen

INFO

Anreise: Dietikon erreicht man von Zürich aus mit den S-Bahn-Linien S3, S6 und S12. **Fahrplanfeld:** 654. **Streckenlänge:** 27 km pro Weg. **Fahrzeit:** 36 min bis Tirano. **Reservationen:** nur für Gruppen, Anmeldung am Vortag. **Verkehrszeiten:** das ganze Jahr im Halbstundentakt. **Besonderes:** nur eine Wagenklasse, im Regionalfahrplan als S17. **Spurweite:** 1000 und 1435 mm (teilweise Dreischienengleis).

Triebfahrzeuge: 5 Niederflur-Gelenktriebwagen Be 4/8 aus dem Jahre 1993, neun dreiteilige Gelenktriebwagen BDe 8/8 von 1969 und zwei nostalgische BDe 4/4 (Baujahr 1928/32). Ferner ein Traktor (Tm 2/2 Nr. 51), ein Schienenschleiffahrzeug (Xm 1/3 Nr. 402) und zwei Normalspur-Güterlokomotiven.

Info: BD 056/648 42 00

Von einer Bergbahn kann man nicht sprechen, obwohl die Bremgarten–Dietikon-Bahn (BD) den 550 m hohen Mutschellenpass überquert. Die Höhendifferenz ab Bremgarten beträgt gerade mal 164 m mit einer maximalen Trassee-Neigung von 53 ‰. Doch die BD hat sich im Laufe der letzten Jahre als wichtige Vorortsbahn etabliert. Sie verbindet Dietikon im Limmattal mit dem beliebten Wohnstädtchen Bremgarten an der Reuss und fährt dann weiter bis in den Industrieort Wohlen. Besonders attraktiv ist die Fahrt von Bremgarten nach Dietikon. Während der Zug an Höhe gewinnt, geniesst man an schönen Föhntagen ein herrliches Panorama über das Reusstal, und vom Jura bis zu den Urner- und Glarner Alpen. Wegen ihrer Nähe zur Grossstadt Zürich und der steigenden Beliebtheit des öffentlichen Verkehrsmittel gewinnt die BD zunehmend an Bedeutung. Mit ihrem modernen Rollmaterialpark konnte die Schmalspurbahn viele Pendler zum „Umsteigen“ bewegen.

FOTO: FORCHBAHN

Die modernen Tramzüge der Forchbahn führen vom Stadtzentrum ins Grüne.

Triebwagen aus fünf Generationen

Forchbahn (FB)

INFO

Anreise: Zürich ist Verkehrsknoten und wird von allen Himmelsrichtungen erreicht. Zürich-Stadelhofen liegt vier Fahrminuten vom HB Zürich entfernt (S7 nach Rapperswil). **Fahrplanfeld:** 731. **Streckenlänge:** 18 km pro Weg. **Fahrzeit:** 37 min bis Esslingen. **Reservationen:** nicht möglich. **Verkehrszeiten:** das ganze Jahr, Viertelstundentakt bis Forch, Halbstundentakt bis Esslingen . **Besonderes:** nur eine Wagenklasse, Billette am Automaten lösen. **Spurweite:** 1000 mm.

Triebfahrzeuge: Acht Be 4/4 aus dem Jahre 1994. Sechs Doppeltriebwagen Be 8/8 (Baujahre 1976-86), sechs BDe 4/4 von 1959/66, der BDe 4/4 Nr. 10 (Baujahr 1948) und der CFe 2/2 Nr. 4 aus dem Jahr 1912.

Info: Forchbahn 01/918 01 08

Als S18 führt von Zürich-Stadelhofen die meterspurige Forchbahn (FB) ins Grüne. Das Vorortsbähnchen fährt bis Rehalp auf dem Gleis der Verkehrsbetriebe Zürich (VBZ) und erklimmt über Zollikerberg und Zumikon die 689 m hohe Forch – ein beliebtes Naherholungsgebiet der Stadt Zürich (Wanderwege über Wasserberg und Zollikerberg nach Zürich oder via Küsnachtertobel an den Zürichsee. Die Steigung von 278 m auf nur zwölf Kilometern wird mit einer Steilrampe von fast 70 ‰ bewältigt. Nach Forch gehts dann wieder abwärts bis ins sechs Kilometer weiter südlich gelegene Zürcher Oberländer Dorf Esslingen (478 m ü.M.). Die rund 40 Minuten dauernde Fahrt bietet eine Fülle von Gegensätzen: Von der Grossstadt über die Villenviertel in Zumikon bis zu schönen Landschaften und alten Bauernhöfen. Die im November 1912 eröffnete Forchbahn verfügt noch über betriebsfähige Fahrzeuge aus allen Epochen, die teilweise bei Sonderfahrten zum Einsatz kommen.

FOTO: VALLY GOHL

Einer der zwei Dolderbahn-Triebwagen, der vom Römerhof zum Grandhotel fährt.

Minibahn mit zwei Fahrzeugen

Dolderbahn (Db) in Zürich

Mit nur zwei Fahrzeugen, die je 104 Passagieren Platz bieten, bedient die Dolderbahn (Db) vier Stationen. Ausgangspunkt ist der Römerhof in Zürich-Hottingen. Von dort überwinden die beiden Zahnradbahntriebwagen einen Höhenunterschied von 162 m. Endstation ist das Naherholungsziel des Dolders. Die Bahn fährt vom Stadtzentrum ins Grüne, die Reise dauert gerade mal sechs Minuten – vorbei an Betonklötzen, durch den Wald und über ein bemerkenswertes Bahnviadukt in vorgespannter Eisenbetonkonstruktion. Die grösste Neigung zwischen Römerhof und Dolder beträgt 196 ‰. Die Station Waldhaus war übrigens früher Bergstation der vorherigen Standseilbahn. In den Jahren 1972/73 wurde diese auf Zahnradbetrieb (mit Lamellenzahnstangen des Fabrikats von Roll) umgestellt. Endstation ist heute das Grand Hotel Dolder, das nach einer eleganten Rechtskurve durch den Wald erreicht wird. Von hier aus gibt es schöne Wander- und Spazierwege über den Adlisberg. Die über 100-jährige Bahn blickt trotz ihrer geringen Länge auf eine wechselhafte Vergangenheit zurück.

INFO

Anreise: Der Römerhof wird vom HB-Zürich mit dem VBZ-Tram Linie 3 (Richtung Klusplatz) erreicht. **Fahrplanfeld:** 732. **Streckenlänge:** 1328 m pro Weg. **Fahrzeit:** 6 min bis Grandhotel Dolder. **Reservationen:** nicht möglich. **Verkehrszeiten:** das ganze Jahr, während den Spitzenzeiten alle 10-15 Minuten. **Besonderes:** nur eine Wagenklasse. **Spurweite:** 1000 mm.

Triebfahrzeuge: Zwei Zahnradbahn-Triebwagen aus dem Jahre 1973.

Info: Dolderbahn 01/269 29 29

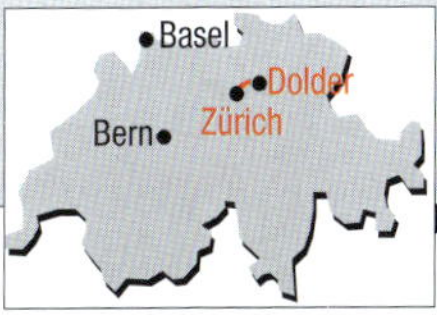

FOTO: BRUNO HITZ

SZU-Pendelzug mit Umrichterlok Re 456 546 und Doppelstockwagen bei Sihlwald.

Durch den Zürcher Urwald

Sihltal–Zürich–Uetliberg-Bahn (SZU)

INFO

Anreise: Ausgangspunkt für eine Fahrt in den Sihlwald ist der Hauptbahnhof Zürich mit Anschluss in alle Landesteile. **Fahrplanfeld:** 712. **Streckenlänge:** 19 km pro Weg. **Fahrzeit:** 28 min bis Sihlbrugg. **Reservationen:** für Gruppen obligatorisch (am Vortag melden). **Verkehrszeiten:** das ganze Jahr, im Stundentakt bis Sihlbrugg. **Besonderes:** ein Doppelstockwagen wird einer einstöckigen Zugsformation beigestellt. **Spurweite:** 1435 mm.

Triebfahrzeuge: sechs moderne Umrichterloks vom Typ Re 456 (Baujahre 1987/93), vier Triebwagen der Baureihe BDe 576 von 1968 sowie eine Dampflok – E 3/3 Nr. 5 „Schnaagi-Schaagi" aus dem Jahr 1899. Ferner die Em 836, die Em 236 und der Tm 236.

Info: SZU 01/206 45 22

Der dicht bewaldete Bergrücken westlich der Sihl ist eine kulturgeographische Barriere: im Osten das Häusermeer der Stadt Zürich, im Westen das bäuerliche Knoaueramt. Der Sihlwald bildet ein geschlossener Forst von über 1000 ha. Mitte der Achtzigerjahre beschloss das Forstamt der Stadt Zürich, das Gebiet zum Sihl-Urwald zu erklären.
Auf Seite 88 wurde bereits die Uetlibergbahn vorgestellt, die mit 1200 Volt Gleichstrom verkehrt. Von der gleichen Privatbahn wird auch die Linie über Adliswil durch den Sihlwald nach Sihlbrugg betrieben. Ursprünglich war die Sihltalbahn als Zubringerlinie zur Gotthardbahn gedacht, heute tritt sie als moderne Vorortsbahn mit Doppelstockwagen auf (S-Bahn-Linie 4). Interessante Eigenheiten sind die unterirdische Streckenführung durch die Stadt mit dem Kopfbahnhof unter den SBB-Gleisen sowie die gemeinsame Fahrleitungsführung mit der Uetlibergbahn (die Gleichstromleitung ist 1,3 m nach rechts verschoben).

FOTO: RONALD GOHL

Grossartige Berglandschaft zwischen Steinerberg und Arth-Goldau.

Steiler „Stutz" zum Hochmoor

Schweizerische Südost-Bahn (SOB)

INFO

Anreise: Nach Rapperswil fährt vom Zürcher Hauptbahnhof die S7, mit der Bodensee-Toggenburg-Bahn gelangt man von der Ostschweiz nach Rapperswil. **Fahrplanfeld:** 670. **Streckenlänge:** 55 km pro Weg. **Fahrzeit:** 52 min bis Arth-Goldau (Regionalzug). **Reservationen:** nur für Gruppen. **Verkehrszeiten:** das ganze Jahr ohne Taktfahrplan. **Besonderes:** SOB-Werkstätte in Samstagern mit interessantem Rollmaterial. **Spurweite:** 1435 mm.

Triebfahrzeuge: vier Re 446 (ex. SBB-Prototyplokomotiven Re 4/4 IV), fünf Ae 477 (ex. DR), eine Am 846, vier RBDe 566, zehn BDe 576, vier ABe 526, ein Be 4/4 von 1931 und eine Dampflok Ed 3/3 „Muni". Ferner fünf elektrische und thermische Traktoren.

Info: SOB 01/780 31 57

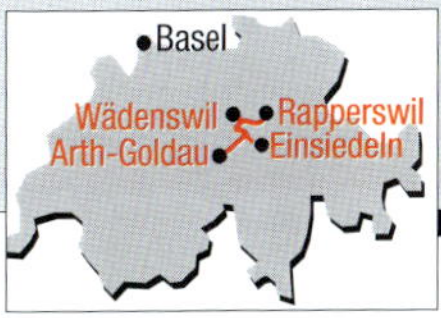

„Stutz" bedeutet in der Schweiz so viel wie Abhang – und genau ein solcher galt es beim Bau der Schweizerischen Südostbahn (SOB) zu überwinden. Die am 1. Mai 1877 eröffnete Linie führt von Wädenswil über eine 50 ‰-Rampe nach Samstagern und weiter bis zum Klosterdorf Einsiedeln. Der Eröffnung ging wegen der Steilrampe ein schwerer Unfall voraus. Während einer Probefahrt im Jahre 1876 versagten die Bremsen. Für den Zug mit 20 Tonnen Anhängelast gab es kein Anhalten mehr. Er raste ins Tal und zerschellte in der Station Wädenswil (Bilanz: zwei Tote). 72 Jahre später folgte wegen demselben „Stutz" das zweite, weitaus schwerere Unglück. Eine Krokodil-Lok mit Sportzug brannte infolge eines Bedienungsfehlers des Lokführers ebenfalls durch. Der Zug raste in Wädenswil auf ein Abstellgleis und zerstörte beim Aufprall das halbe Bahnhofsgebäude mit der SOB-Verwaltung (Bilanz: 21 Tote und 40 Verletzte).

Eine zweite Linie der SOB verbindet Rapperswil mit Arth-Goldau in der Zentralschweiz. Diese landschaftlich sehr reizvolle Strecke führt über das Hochmoor von Rothenthurm, das unter dem nationalen Schutz der Eidgenossenschaft steht. Auf dieser Strecke verkehren auch die Züge des Voralpenexpress (Seite 91). Beide Linien treffen in Samstagern zusammen und trennen sich nach Biberbrugg wieder.
Rapperswil ist der ideale Ausgangspunkt einer Reise mit der SOB, dabei fährt man zwar nicht über die steile 50 ‰-Rampe, dafür ziehen am Waggonfenster die unterschiedlichsten Eindrücke vorbei. Zwischen Rapperswil und Hurden fährt der Zug über den 1956 fertiggestellten 931 m langen Seedamm. In Freienbach am Zürichsee beginnt der Aufstieg nach Samstagern. Sicher erkennt man dabei den Rebberg von Leutschen, die einzigen Traubenkulturen der Urschweiz (wir befinden uns im Kanton Schwyz, der zu den Gründern der Eidgenossenschaft zählt). Es folgt ein herrliches Panorama auf den Zürichsee und in Samstagern machen vielleicht Eisenbahnfans einen ersten Zwischenstopp. Die Werkstätte der SOB ist direkt hinter dem Bahnhof, hier werden zahlreiche interessante Fahrzeuge gewartet, darunter auch ehemalige DDR-Loks, welche heute auf dem Netz der SOB zum Einsatz kommen. Der Zug wechselt in einer grossen Rechtskurve die Richtung, bei gutem Wetter reicht die Sicht bis zum Säntis. Bei Biberbrugg erreicht der Zug das Hochmoor von Rothenturm. Hier fasziniert nicht nur das uhrglasförmig nach oben gewölbte Torfmoos, sondern 1798 haben die Schwyzer unter Führung von Redings den Franzosen eine Niederlage bereitet. Nach der Ortschaft Rothenthurm (923 m ü.M.) beginnt der Abstieg über Sattel-Aegeri und Steinerberg nach Arth-Goldau, das an der SBB-Gotthardroute liegt.

Foto: Ronald Gohl

Die ehemaligen DR-Lokomotiven verkehren heute als Ae 477 mit Werbeanstrich.

Mit Orient-Express und Churchill-Pfeil

Mitteltlhurgau-Bahn (MThB)

FOTO: VALLY GOHL

Mit dem Regionalzug direkt von Weinfelden im Thurgau nach Engen in Deutschland.

Die Privatbahn, die von Wil über Weinfelden nach Kreuzlingen führt, ist weit mehr als eine thurgauische Provinzbahn – nämlich ein innovatives Unternehmen, das von den SBB nicht nur ernst genommen wird, sondern der Bundesbahn auch einiges Kopfzerbrechen bereitet. Die MThB expandiert gewaltig. Zwei Regionallinien wurden im benachbarten Deutschland eröffnet, seit geraumer Zeit verkehren auf der früheren SBB-Seelinie ebenfalls hochmoderne MThB-Züge. Attraktivitätssteigerung heisst die Devise im Regionalverkehr: neues Rollmaterial, neue Haltestellen, neue Stellwerke. Es wird kräft investiert. Aber auch im Güterverkehr ist die MThB dabei. Mit ihren ehemaligen DR-Maschinen fährt sie über die Grenze und fordert die SBB im Rahmen des „Open-Access" zur internationalen Konkurrenz heraus. Die Maschinen gehören übrigens einem Tochterunternehmen, der Lokoop AG, an welchem neben der MThB auch die SOB und das Reisebüro Mittelthurgau beteiligt ist. Das Duo Reisebüro Mittelthurgau und MThB ist auch aktiv im Sammeln von historisch wertvollen Fahrzeugen. Dazu gehört der ehemalige Rote Pfeil der SBB, welcher als „Churchill-Pfeil" bekannt wurde. Er wurde instand gesetzt und verkehrt seit einigen Jahren wieder. Auch die Luxuswagen des Orient Express, eine in Polen revidierte Dampflok oder die deutsche Grossdampflok, welche auf Ölfeuerung umgebaut wurde, zählen zum Fahrzeugbestand der beiden Unternehmen. Sogar einen Talgo wollte der innovative Direktor einmal anschaffen, der von Portugal bis Sibirien hätte verkehren können. Vielleicht wird diese Idee in absehbarer Zeit sogar noch einmal Wirklichkeit...

Foto: Ronald Gohl

Hügelzüge, Apfelplantagen, Riegelbauten und Schlösschen: Reiseland der MThB.

Bleiben wir noch ein wenig auf der Stammstrecke der MThB. Sie führt durch „Mostindien“, wie der Kanton Thurgau wegen seiner zahlreichen Apfelplantagen auch ironisch genannt wird. Auf die bunt bemalten Züge der Mittelthurgau-Bahn steigt man im Bahnhof Wil um. Hier halten alle InterCity der SBB (Zürich–St. Gallen). Mit dem Regionalzug gehts dann sofort durch landschaftlich reizvolle Hügelzüge und durch nie gehörte Bauerndörfer: Bronschhofen, Bettwiesen und Tobel-Affeltrangen heissen die ersten Haltepunkte. Bussnang hat dank dem ebenso innovativen Rollmaterialhersteller STADLER längst Weltruhm erlangt. Seine Gelenktriebwagen werden inzwischen nach halb Europa exportiert (inklusive DB AG). In Weinfelden kreuzen sich das Trassee der MThB und SBB. Hier muss man meistens in einen anderen MThB-Zug umsteigen, der jedoch auf dem Gleis nebenan schon bereit steht. und fahren auf der eingleisigen Strecke in Richtung Bodensee. Der Jakobstobel wird dabei auf einem 30 m hohen Viadukt überquert. Nach dem steilen Abstieg zum Bodensee ist in Kreuzlingen nicht Endstation. Jetzt fährt der bunte Zug über die Grenze nach Konstanz – und von dort aus weiter bis Radolfszell und Engen. Die MThB wurde zur ersten internationalen Regionalbahn der Schweiz, die mit ihrem innovativen Direktor viel neuen Wind in den Nahverkehr bringt.

INFO

Anreise: In Wil halten alle IC-Züge auf ihrer Fahrt von Zürich über Winterthur nach St. Gallen. **Fahrplanfeld:** 830. **Streckenlänge:** 56 km bis Konstanz. **Fahrzeit:** 59 min pro Weg. **Reservationen:** fakultativ. **Verkehrszeiten:** das ganze Jahr im Halbstundentakt. **Besonderes:** In Weinfelden muss in einen anderen MThB-Zug umgestiegen werden (ca. fünf Minuten Wartezeit). **Spurweite:** 1435 mm.

Triebfahrzeuge: eine Re 4/4 II (gleich wie SBB), eine Ee 3/3, sechs ABDe 4/4, vier RBDe 4/4 (Typ NPZ), drei Bm 2/6 (Dieseltriebwagen für Regionalverkehr Deutschland), zehn RABe 506 für die Seelinie, ein RAe 4/8 „Churchill-Pfeil“, zwei Dampfloks sowie vier Rangierloks und Traktoren.

Info: MThB 071/626 31 00

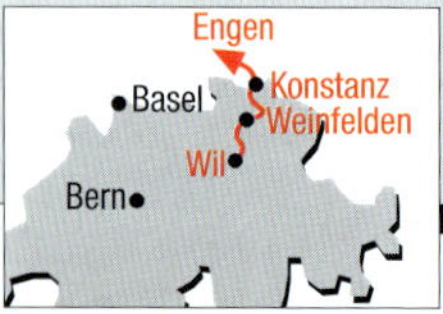

FOTO: RONALD GOHL

Mit dem BT-Regionalzug (hier bei Schachen) von Romanshorn nach Wattwil.

91 Viadukte auf 65,9 Streckenkilometern

Bodensee–Toggenburg-Bahn (BT)

INFO

Anreise: Romanshorn wird von von Zürich aus via Winterthur und Weinfelden erreicht. **Fahrplanfeld:** 870 und 853. **Streckenlänge:** 92 km pro Weg. **Fahrzeit:** 1 h 18 min bis Nesslau-Neu St. Johann. **Reservationen:** nur für Gruppen. **Verkehrszeiten:** das ganze Jahr. **Besonderes:** keine direkten Züge von Romanshorn ins Toggenburg, in Wattwil muss immer umgestiegen werden. **Spurweite:** 1435 mm.

Triebfahrzeuge: Die sechs Umrichterloks vom Typ Re 4/4 Nr. 91-96 kommen meist vor Schnellzügen zum Einsatz. Das Rückgrat des Regionalverkehrs bilden die sechs RBDe 4/4 Nr. 71-76. Fünf weitere Triebwagen, zwei Eea 3/3, eine historische Elektrolok, eine Dampflok und acht Traktoren sind im Bestand.

Info: BT 071/228 23 23

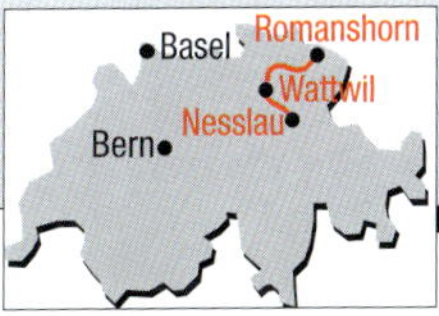

Die im Jahre 1910 in Betrieb gegangene Bodensee–Toggenburg-Bahn (BT) zählt zu den jüngeren Privatbahnen der Schweiz. Die direkte Linienführung durch das hügelreiche Ostschweizer Voralpenland erforderte vor allem zwischen St. Gallen und Nesslau-Neu St. Johann den Bau zahlloser Viadukte und Tunnels. So verläuft heute fast ein Fünftel der Strecke auf Kunstbauten. Darunter zu verstehen sind Tunnels und Brücken bzw. Viadukte. Aufmerksame Reisende zählen auf der Fahrt von Romanshorn am Bodensee ins Toggenburg 17 Tunnels (inklusive den von der BT mitbenützten 1466 m langen Rosenbergtunnel, der im Eigentum der SBB ist) und 91 Brücken. Alle Tunnels aneinandergereiht ergeben eine Länge von 6867 m (ohne Rosenberg), hinzu kommen 3093 m Brücken. 18 Viadukte sind länger als 50 m. Mit dem Sitterviadukt hält die BT gar einen Schweizer Rekord; das 99 m hohe Bauwerk übertrifft sogar den Soliserviadukt der RhB.

FOTO: ARCHIV LAN

Eine Einzelanfertigung ist die Güterzuglok Ge 4/4 Nr. 1 der Appenzeller Bahnen.

Am Fusse des Säntis

Appenzeller-Bahn (AB)

INFO

Anreise: Gossau wird von IC via Zürich und Winterthur erreicht. **Fahrplanfeld:** 854, 855, 856. **Streckenlänge:** 52 km für die Einweg-Fahrt. **Fahrzeit:** 1 h 13 min bis Altstätten, Wartezeiten beim Umsteigen nicht eingerechnet. **Reservationen:** nicht möglich. **Verkehrszeiten:** das ganze Jahr. **Besonderes:** in Appenzell und Gais umsteigen, von Appenzell lohnt sich evt. ein zusätzlicher Abstecher nach Wasserauen. **Spurweite:** 1000 mm.

Triebfahrzeuge: Die Appenzeller-Bahnen verfügen über Adhäsions- und Zahnradbahnfahrzeuge, ursprünglich war die Linie Appenzell–Gais–Altstätten eine eigenständige Bahn. Mit der Ge 4/4 Nr. 1 steht nur eine einzige Lok im Einsatz, alles andere sind Triebwagen.

Info: AB 071/354 50 60

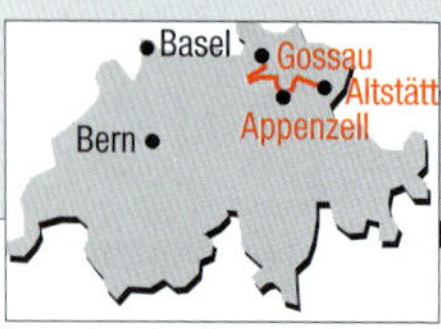

Ausgangspunkt für eine Fahrt mit den Appenzeller-Bahnen (AB) ist der SBB-Bahnhof Gossau in der Ostschweiz (Linie Zürich–St. Gallen). Hier besteigt man den rot/crème-farbenen Schmalspurzug und reist damit an den Fuss des Säntis. Ursprünglich hatten die Bahnpioniere hochtrabende Pläne, sie wollten die Bahnlinie über Weissbad und Seealp bis auf den Gipfel des Säntis (2502 m) führen. Doch daraus wurde nichts. Die Reise ist heute nicht minder schön, man fährt über Urnäsch und Gonten durchs Appenzeller Voralpenland. Der Kantonshauptort Appenzell ist Drehscheibe der AB. Von hier aus gelangt man weiter nach Wasserauen oder über Gais nach Altstätten im Rheintal (Anschluss an die SBB-Linie St.Gallen–Chur). Auf dem letzten Abschnitt überquert die Appenzellerbahn den Stosspass (942 m) und „kraxelt“ mittels Zahnstange auf einer Strecke von nur 6 km über 500 m abwärts.

Foto: Trogener-Bahn

Kleiner Zug, grosse Landschaft: zwischen St. Gallen und Trogen fährt die TB.

Small is beautiful...

Trogener-Bahn (TB)

INFO

Anreise: St. Gallen wird von EC und IC via Basel und Zürich erreicht, von Chur besteht durchs Rheintal eine IR-Verbindung. **Fahrplanfeld:** 859. **Streckenlänge:** 9,8 km pro Weg. **Fahrzeit:** 24 min bis Trogen. **Reservationen:** nur für Gruppen. **Verkehrszeiten:** das ganze Jahr im Halbstundentakt. **Besonderes:** nur eine Wagenklasse, Billette am Automaten lösen und entwerten. **Spurweite:** 1000 mm.

Triebfahrzeuge: Die Trogener-Bahn besitzt Gepäcktriebwagen der Baureihen BDe 4/8 und BDe 4/4. Die Pendelzüge fahren in Ein- bis Dreifachtraktion mit Steuerwagen. Zudem verfügt die TB über eine der wenigen selbstfahrenden Schneeschleudern der Schweiz (Xrotm 2/2 Nr. 72).

Info: TB 071/343 70 10

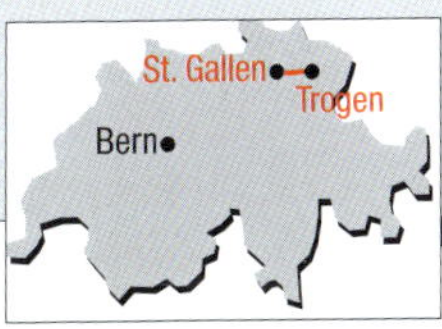

Klein gekammert und hügelig ist die Appenzeller Topographie. Auch das orange Bähnchen, das vom St. Gallen über Speicher nach Trogen fährt, scheint schmaler als üblich zu sein. 1903 wurde die Meterspurlinie eröffnet, seither ist sie als Ausflugs- und Pendlerbahn nicht mehr wegzudenken. Aber nicht nur das Ziel ist lohnend, auch unterwegs bieten sich den Reisenden reizvolle Ausblicke, zum Beispiel die Fernsicht von der Vögelinsegg, mit 940 m ü.M. der höchste Punkt der 9,8 km langen Strecke. St. Gallen liegt im Vergleich dazu auf 670 m ü.M. Der Höhenunterschied wird mit einer maximalen Trasseeneigung von 75 ‰ überwunden. Trogen ist ein Dorf mit stattlichen Häusern, natürlich auch hier gilt die Devise: small is beautiful... Unweit von Trogen befindet sich das internationale Pestalozzidorf. Die Kindersiedlung wurde für die Waisen des zweiten Weltkriegs gegründet und beherbergt noch heute Kriegswaisen aus der ganzen Welt.

Foto: Vally Gohl

Eine von 13 Haltestellen: Der FW-Triebwagen mit Bt 114 hält kurz in Rosental.

Einst Dampfstrassenbahn

Frauenfeld–Wil-Bahn (FW)

Am 1. September 1887 nahm die als Dampfstrassenbahn gebaute Frauenfeld–Wil-Bahn (FW) ihren Betrieb auf.

INFO

Anreise: Frauenfeld wird von Zürich über Winterthur erreicht. **Fahrplanfeld:** 841. **Streckenlänge:** 25 km pro Weg. **Fahrzeit:** 32 min bis Wil. **Reservationen:** nur für Gruppen. **Verkehrszeiten:** das ganze Jahr, Taktfahrplan (zweimal stündlich). **Besonderes:** nur eine Wagenklasse, Billette am Automaten lösen und entwerten. **Spurweite:** 1000 mm.

Triebfahrzeuge: Zwischen Frauenfeld und Wil kommen moderne Gepäcktriebwagen (BDe 4/4) mit Steuerwagen zum Einsatz.

Info: FW/MThB 071/626 31 00

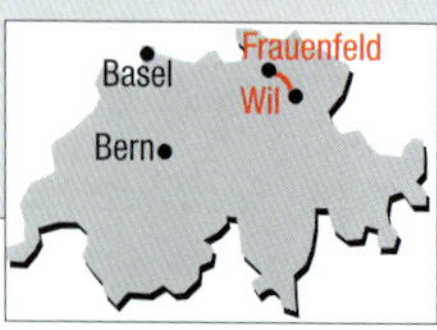

Seit ihrer Gründung hat die Gesellschaft mit ihrer 25 km langen Strecke allerlei Tiefen und Höhen durchgemacht. Das Bähnchen erlebte die erste Wirtschaftskrise noch vor der Jahrhundertwende genauso wie die Hochkonjunktur zwischen 1904 und 1911, als im Murgtal das Industriezeitalter ausbrach. Wegen der Rationalisierung der Kohlen während des Ersten Weltkrieges entschloss sich die FW zur Elektrifizierung, so dass die ersten Elektrotriebwagen bereits 1921 eingesetzt werden konnten. Dies brachte dem Unternehmen so viel Verkehrszuwachs, dass sogar als Ergänzung zum Angebot ein Automobildienst geprüft wurde. Bis in die Vierzigerjahre verkehrte das Bähnchen auf der Strasse. Wegen des zunehmenden Automobilverkehrs begann man ab 1937 mit dem Bau einem separaten Trassee. Heute präsentiert sich die FW als moderne Vorortsbahn mit attraktivem Rollmaterial. Zwischen Frauenfeld und Wil werden 13 Haltestellen bedient.

FOTO: VALLY GOHL

Im Bahnhof von Rheineck steht auf dem Stumpfgleis der BDeh 1/2 der RhW.

Mit einem einzigen Triebfahrzeug

Bergbahn Rheineck–Walzenhausen (RhW)

Rheineck heisst der Ausgangspunkt einer der kleinsten Schweizer Privatbahnen. Sie verbindet die Kleinstadt am Bodensee mit dem rund 300 Meter höher gelegenen Kurort Walzenhausen. Ursprünglich war es gar keine Zahnradbahn. Schon der Blick auf die Karte verrät, dass über das schnurgerade Trassee einst eine Standseilbahn holperte. 1958 wurde die veraltete Anlage vollständig umgebaut. Erhalten blieb nur die seltene Spurweite von 1200 mm. Führte vorher noch eine Trambahn die wenigen hundert Meter von der Talstation der Standseilbahn zum Bahnhof der SBB, so wurden mit dem Umbau die beiden Strecken zusammengeschlossen. Seither verkehrt zwischen Rheineck und Walzenhausen ein winziges Bähnchen – die RhW verfügt damit gerade mal über einen Triebwagen. Fällt dieser aus, z.B. wie nach dem schweren Unfall mit einem Lastwagen im Juli 1997, so bleibt die Strecke für Monate ohne Zug. Bis zur Reparatur wurde ein Busersatz bereit gestellt. Auf dem 1,9 km langen Trassee bewältigt der BDeh 1/2 eine Steigung von 252 ‰.

INFO

Anreise: Rheineck wird von Zürich über St. Gallen und Rorschach erreicht. Von Chur besteht eine direkte Verbindung durchs Rheintal. **Fahrplanfeld:** 858. **Streckenlänge:** 1,9 km pro Weg. **Fahrzeit:** 6 min pro Weg. **Reservationen:** nur für Gruppen. **Verkehrszeiten:** das ganze Jahr, pro Stunde ein Zug). **Besonderes:** nur eine Wagenklasse, in Ruderbach besteht „Halt auf Verlangen". **Spurweite:** 1200 mm.

Triebfahrzeuge: BDeh 1/2 Nr. 1

Info: RhW/RHB 071/891 14 92

Foto: Sandro Sigrist

Ohne grossen Presserummel ging im November 1998 der BDeh 3/6 in Betrieb.

Mit Dampf, Aussichts- und Gelenktriebwagen

Rorschach–Heiden-Bahn (RHB)

Heiden auf knapp 800 m ü.M. bietet seinen Besuchern ein prächtiges Panorama über den Bodensee mit seinem Wasserinhalt von rund 50 000 Milliarden Litern. Eine normalspurige Zahnradbahn verbindet den aussichtsreichen Kurort mit Rorschach am Bodenseeufer. Schon immer setzte die Bahn auffälliges Rollmaterial ein: zum Beispiel doppelstöckige offene Zweitklasswagen oder ein stromlinienförmiges Personenauto mit Eisenbahn-Fahrgestellen. Solche Fahrzeuge sind natürlich längst Geschichte. Doch auch heute kann man sich über das eingesetzte Rollmaterial freuen, zum Beispiel die Dampflok mit offenen Aussichtswagen oder der neue sechsachsige Gelenktriebwagen von Stadler. RHB und RhB dürfen natürlich nicht verwechselt werden. Ausser den Initialen hat die Rorschach–Heiden-Bahn nichts mit der Rhätischen Bahn gemeinsam. Einmal in Heiden angekommen, bieten sich vielfältige Wandermöglichkeiten. Wie wärs mit dem Witzweg? Er führt in erheiternden Stationen hinüber nach Walzenhausen, wo die RhW zur Talfahrt einlädt.

INFO

Anreise: Rorschach wird von EC und IC via Zürich und St. Gallen erreicht. **Fahrplanfeld:** 857. **Streckenlänge:** 7,1 km pro Weg. **Fahrzeit:** 24 min bis Heiden. **Reservationen:** nur für Gruppen. **Verkehrszeiten:** das ganze Jahr im Stundentakt. **Besonderes:** Dampfzug und Aussichtswagen verkehren nach einem besonderen Fahrplan. **Spurweite:** 1435 mm.

Triebfahrzeuge: ein Genlenktriebwagen BDeh 3/6, zwei Triebwagen BDeh 2/4, ein historischer Triebwagen und die Dampflok Eh 2/2.

Info: RhW/RHB 071/891 14 92

FOTO: HEINZ SIGRIST

De 6/6 Nr. 15301 „Seetalkrokodil" der OeBB mit einem Extrazug bei Oensingen.

Wie lange noch?

Oensingen–Balsthal-Bahn (OeBB)

INFO

Anreise: Alle Schnellzüge auf der Linie Zürich–Solothurn–Biel halten in Oensingen. **Fahrplanfeld:** 412. **Streckenlänge:** 3,9 km pro Weg. **Fahrzeit:** 9 min bis Balsthal. **Reservationen:** nur für Gruppen. **Verkehrszeiten:** das ganze Jahr im Stundentakt, zu den Spitzenzeiten Zusatzzüge. **Besonderes:** Es kann auch mal vorkommen, dass der „Rote Pfeil" im Pendelzugverkehr eingesetzt wird. **Spurweite:** 1435 mm.

Triebfahrzeuge: zwei ABDe 4/8 Nr. 244 und 245, zwei BDe 4/4 Nr. 641 und 651, RBe 2/4 Nr. 202 „Roter Pfeil" (ursprünglich SBB), De 6/6 „Seetalkrokodil" (zur Zeit in Restauration), Ce 2/2 von 1944 und die Dampflok E 3/3 aus dem Jahr 1899.

Info: OeBB 062/391 31 53

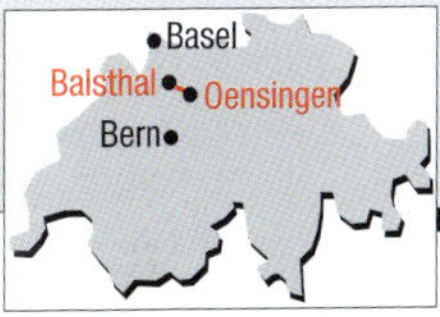

Die OeBB befindet sich natürlich in der Schweiz und nicht, wie man wegen den Initialen fälschlicherweise vermuten könnte, in Österreich. Das Kürzel für die Bundesbahnen jenseits der Landesgrenze ist übrigens ÖBB. Mit der OeBB macht man immer nur eine kurze Reise, nämlich von Oensingen am Eingang der Juraklus bis nach Balsthal. Nur gerade 3,9 km lang ist das Streckennetz einer der kleinsten Privatbahnen Europas. Die Geschichte der Bahn reicht ins Jahr 1899 zurück, eigentlich sollte eine Bahn über die Wasserfallen nach Basel gebaut werden. Wegen finanzieller Schwierigkeiten blieb es dann bei der kurzen Stichlinie. Landschaftlich reizvoll ist die Fahrt durch die Klus, eine schluchtartige Kerbe in der Jurakette. Trotz des hoch interessanten Rollmaterialparks (inklusive „Roter Pfeil") ist die Zukunft der OeBB ungewiss. Es fehlt am Geld und der Kanton Solothurn will das jährliche Defizit von 23 Millionen Franken nicht mehr zahlen. Deshalb wird die Einstellung diskutiert.

FOTO: RONALD GOHL

Nach dem Halt in Aarwangen fährt der Be 4/4 mitten auf der Strasse.

Zwei Reisen durchs Mittelland

Regionalverkehr Oberaargau (RVO)

In noch nicht einmal so alten Eisenbahnbüchern sucht man vergeblich nach dem Regionalverkehr Oberaargau (RVO), denn die Privatbahn aus dem Mittelland hiess früher Oberargau–Jura-Bahn (OJB). Sie nahm im Oktober 1907 ihren Betrieb auf der Strecke Langenthal–Niederbipp auf. Zehn Jahre später kam die weiter nördlich gelegene Linie Langenthal–Melchnau dazu. Inzwischen wurde der Betrieb St. Urban– Melchnau eingestellt. Ausgangspunkt für eine Reise mit dem RVO ist meist Langenthal, das an der Schnellzuglinie Bern–Zürich liegt. Hier befindet sich auch die Werkstätte und das Depot des RVO. Ideale Reisezeit ist April bis Oktober, denn im Winter liegt oft eine dicke Nebeldecke über den Mittelland. An den beiden Strecken liegen interessante Kulturdenkmäler, wie beispielsweise das imposante Schloss Aarwagen (Langenthal–Niederbipp) oder die Klosterkirche St. Urban. Wer sich mehr für das Rollmaterial statt für alte Gemäuer interessiert, kommt als Eisenbahnfotograf an beiden Linien (schöne Fotostandorte) ebenfalls auf seine Kosten.

INFO

Anreise: In Langenthal halten nur die Schnellzüge zwischen Bern und Zürich, keine Intercitys. **Fahrplanfeld:** 413 und 414. **Streckenlänge:** 10,9 km nach Niederbipp, 4,9 km nach St. Urban. **Fahrzeit:** 21 min bis Niederbipp, 11 min bis St. Urban. **Reservationen:** nur für Gruppen. **Verkehrszeiten:** das ganze Jahr im Halbstundentakt. **Besonderes:** nur eine Wagenklasse. **Spurweite:** 1000 mm.

Triebfahrzeuge: Sechs Triebwagen vom Typ Be 4/4, ein Buffettriebwagen für Extrafahrten.

Info: OSST 062/919 19 11

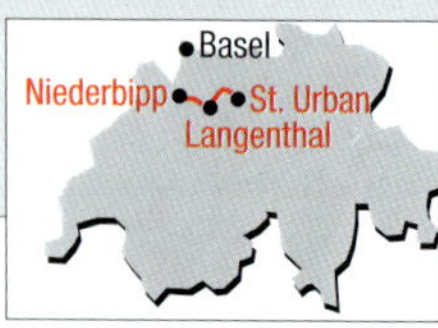

FOTO: VALLY GOHL

Von den 35 Triebfahrzeugen der WSB sind die Älteren noch orange gespritzt.

Eiszeitliche Muldentäler mit Bahnverbindung

Wynetal- und Suhrentalbahn (WSB)

INFO

Anreise: In Aarau halten nur Schnellzüge auf der Strecke Basel–Zürich, keine IC. **Fahrplanfelder:** 642, 643, 644 **Streckenlänge:** 14 km nach Schöftland, 30 km nach Menziken-Burg. **Fahrzeit:** 20 min bis Schöftland, 39 min bis Menziken-Burg. **Reservationen:** nur für Gruppen. **Verkehrszeiten:** das ganze Jahr im Halbstundentakt. **Besonderes:** Für Gruppenreisen steht der Salonwagen Bse 4/4 zur Verfügung. **Spurweite:** 1000 mm.

Triebfahrzeuge: Die WSB verfügt über insgesamt 35 Triebfahrzeuge, davon sieben moderne Niederflur-Gelenktriebwagen. Ferner stehen 18 Personentriebwagen vom Typ Be 4/4 im Einsatz. Es gibt aber auch vier Gütertriebwagen der Baureihe De 4/4.

Info: WSB 051/229 73 70

Der Kanton Aargau ist in eine ganze Anzahl Paralleltäler aufgeteilt, die alle vom nördlichen Mittelland in Richtung Aare verlaufen. Sie wurden von den eiszeitlichen Gletschern zu flachen Mulden geschliffen. Einem solchen natürlichen Verkehrsweg folgt die Wynetallinie und etwas weiter westlich die Suhrentallinie. Beide Bahnverbindungen werden durch die WSB bedient. Ausgangspunkt ist Aarau, von wo aus die Meterspurzüge entweder nach Schöftland (Suhrental) oder über Oberkulm und Reinach nach Menziken-Burg (Wynetal) fahren. Ursprünglich hatten beide Täler ihre eigene Bahn, um einen möglichst rationellen Haushalt zu führen, wurde 1958 fusioniert. Neben einigen weniger auffallenden Besonderheiten weist die WSB auf ihren beiden Linien je eine Kreuzung mit der SBB-Strecke Aarau–Zofingen auf, die komplizierte Fahrleitungsumschaltanlagen bedingen. Weil in beiden Tälern viel Industrie angesiedelt ist, benützen viele Pendler die WSB.

FOTO: RONALD GOHL

Weites grünes Hügelland – die Reise führt durch Jeremias Gotthelfs Heimat.

Roter Zug im grünen Hügelland

Regionalverkehr Mittelland (RM)

INFO

Anreise: Wolhusen wird mit dem SBB-Schnellzug Bern–Luzern erreicht. **Fahrplanfelder:** 445 (Wolhusen–Huttwil), 444 (Huttwil–Ramsei), 440 (Ramsei–Burgdorf–Solothurn), 411 (Solothurn–Moutier). **Streckenlänge:** 129 km pro Weg. **Fahrzeit:** 2 h 11 min bis Moutier, hinzu kommen die Wartezeiten beim Umsteigen. **Reservationen:** nur für Gruppen. **Verkehrszeiten:** das ganze Jahr, teilweise im Stundentakt. **Besonderes:** mehrmals umsteigen, S44/S4 zwischen Huttwil und Burgdorf. **Spurweite:** 1435 mm.

Triebfahrzeuge: Der Personenverkehr wird beim RM hauptsächlich durch Pendelzugseinheiten bewältigt. Dafür stehen 28 Triebwagen zur Verfügung.

Info: RM 034/424 50 00

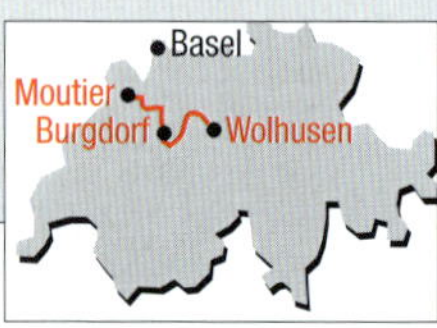

Fast wie die Beine einer Spinne breitet sich auf der Schweizer Karte das 167,3 km lange Streckennetz des Regionalverkehr Mittelland (RM) aus. Noch vor kurzem bestand das Unternehmen aus drei Gesellschaften: der Emmental–Burgdorf–Thun-Bahn (EBT), der Vereinigten Huttwil-Bahnen (VHB) und der Solothurn–Münster-Bahn (SMB). Die drei Regionalbahnen fusionierten Ende Juni 1997 an der Generalversammlung – doch schon viele Jahre zuvor bildeten die einzelnen Unternehmen eine Betriebsgemeinschaft.

Seit Juni 1998 ist der RM auch Teil der S-Bahn Bern. Der Betrieb der neu eingeführten S-Bahn-Linien 4 bzw. 44 obliegt ganz dem Regionalverkehr Mittelland. Seine rot-weissen Pendelzüge verkehren damit erstmals auch bis Bern Bümpliz Nord.

Zwischen Bern Bümpliz Nord und Burgdorf verkehrt die S4 im Stundentakt. Der S44 begegnet man hingegen nur frühmorgens und am späteren Nachmittag. Sie kommt von Huttwil, vereinigt sich in Ramsei mit der Strecke der S4 und fährt als Eilzug von Burgdorf nach Bern. Endstation der S4 ist Langnau im Emmental.

Die 1881 von der Emmentalbahn eröffnete Verbindung Burgdorf–Langnau wurde 1932 elektrifiziert. Auf der Reise von Burgdorf nach Langnau verläuft die Emme parallel zur S-Bahn. Ab und zu taucht eine schöne Holzbrücke auf, die unschönen Fabriken von Lützelflüh sichern zahlreiche Arbeitsplätze der Umgebung. Bei Obermatt fliesst die Ilfis in die Emme und das RM-Gleis mündet in die SBB-Strecke Bern–Luzern.

Als besonderer „Leckerbissen“ lässt sich das Emmental, die Wirkungsstätte des Heimatdichters Jeremias Gotthelf (1797–1854), auch mit dem Dampfzug er-fahren. Beim RM kommen zwei Feuerbüchsen zum Einsatz: die Ed 3/4 Nr. 11 aus dem Jahre1908 und die BR 64 Nr. 518 mit Baujahr 1941.

Eine der schönsten Reisen mit dem RM führt von Wolhusen im Entlebuch über Huttwil und Ramsei nach Burgdorf. Dort fährt man weiter über Solothurn und den Grenchenberg-Tunnel bis nach Moutier im Jura.

Das grüne Hügelland im Emmental lädt zu Reiseunterbrechungen ein. Huttwil ist Ausgangspunkt für eine Besteigung des Napf, mit 1407 m ü.M. die höchste Erhebung zwischen Luzern und Bern. In Dürrenroth könnte man eine Biketour nach Oberwald unternehmen. Ganz in der Nähe der Station Affoltern-Weier gibt es eine grosse Schaukäserei, die keine Fragen offenlässt, wie die Löcher in den Emmentaler Käse kommen. In Sumiswald-Grünen steigt man auf Rössli-Wagen um, die einem zum „Buurezmorge“ bringen. Wer sich mehr für die Ausflungsvorschläge im Emmental interessiert, beachtet den Freizeitführer „S-Bahn Bern“, erschienen im Verlag Edition Lan AG, CH-6304 Zug.

FOTO: STADLER-FAHRZEUGE

Zukunft beim Regionalverkehr Mittelland: Ein Gelenktriebwagen bei Oberdorf.

FOTO: ADTRANZ

Die neuen Niederflur-Gelenktriebwagen des RBS sind 56 m lang.

Futuristisch anmutende Pendelzüge

Regionalverkehr Bern–Solothurn (RBS)

INFO

Anreise: Bern wird mit EC und IC von Basel, Zürich, Lausanne und Interlaken/Brig aus erreicht. **Fahrplanfeld:** 420. **Streckenlänge:** 33,6 km pro Weg. **Fahrzeit:** 37 min je Fahrtrichtung. **Reservationen:** nicht möglich. **Verkehrszeiten:** das ganze Jahr, Dampffahrten an Sonntagen zwischen Mai und Oktober (vorher informieren). **Besonderes:** S-Bahn Bern, Linien SE/J. **Spurweite:** 1000 mm.

Triebfahrzeuge: Das Rückgrat des Personenverkehrs bilden die neuen Niederflur-Gelenktriebwagen des Typs ABe 4/12. Sie sind 56 m lang und 80 t schwer. Recht häufig trifft man auch die orangen, 40 m langen Triebwagen der Baureihe Be 4/8 Nr. 41–61 (Baujahre 1974–78). Davon sind 21 Einheiten im Einsatz.

Info: RBS 031/925 55 55

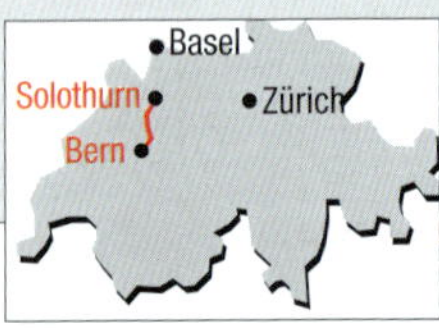

Der Regionalverkehr Bern–Solothurn (RBS) ist Bestandteil der Berner S-Bahn, obwohl seine vier Linien SE/J (Bern–Solothurn), W (Worb-Dorf–Bolligen–Bern), G (Worb-Dorf–Bern-Zytglogge) und Z (Unterzollikofen–Bern) der schmalen Spur angehören. Im Bahnhof von Bern hat der RBS sogar einen „eigenen“ unterirdischen U-Bahnhof, die sogenannte „Berner Metro“. Während den ersten Minuten Fahrt gehts von Bern aus auch wirklich duch einen U-Bahn-ähnlichen Tunnel, bis der Zug unterhalb der Inneren Enge ans Tageslicht kommt. Wer hier auf der rechten Seite sitzt, geniesst den Blick auf die Aare. Weiter gehts über Tiefenau nach Zollikofen, wo der RBS-Zug sogar ein kurzes Stück parallel zum „grossen Bruder“ – der SBB – fährt.
In den Jahren 1993–95 nahm der RBS acht neue, futuristisch anmutende Triebwagen der Baureihe ABe 4/12 in Betrieb. Diese bestehen teilweise aus Niederflurabteilen und grossen Panora-

mafenstern. Auch der Innenraum ist sehr modern gestaltet. Die Fahrzeuge wurden von der ehemaligen Waggonfabrik Schindler (heute ADtranz) vollständig neu entwickelt. Die vier Eingänge mit breiten Flügeltüren liegen nur noch 39 cm über den Schienen. Drei Vorortsbahnen, der Regionalverkehr Bern–Solothurn (RBS), die Bremgarten–Dietikon-Bahn (BD) und die Wynental- und Suhrentalbahn (WSB) bestellten insgesamt 23 Einheiten der neuen Niederflur-Triebzüge. Dadurch konnte der Preis für eine Komposition auf fünf Millionen Franken gesenkt werden. Weil derart moderne Züge auch zeitgemäss gewartet werden müssen, investierte der RBS noch zusätzliche 4,5 Millionen in die Erweiterung der Werkstätte Solothurn. Moderne Technik aber auch für das fahrende Personal: Wie bei der Re 460 (Lok 2000) verfügt der Lokführer über eine Bildschirm-Anzeige.
Die Reise geht weiter über Jegenstorf durch eine sehr ländliche und idyllische Umgebung – immer weiter nordwärts nach Solothurn am Jurasüdfuss. Für die 33,6 km lange Strecke benötigt der Zug gerade mal 40 Minuten. Würde man die gleiche Strecke zu Fuss zurücklegen, müsste man mit neun Stunden Wanderzeit rechnen. Tatsächlich gibt es auch einen Weg entlang der Bahnlinie. Er führt zwar nicht immer exakt dem Bahngleis entlang, erschliesst aber eine sehenswerte Region im Mittelland. Selbstverständlich kann man die Strecke auch etappenweise abwandern. Ein schöner, zweistündiger Spaziergang führt zum Beispiel von Zollikofen über das Seminar Hofwil, das Naturschutzgebiet um den kleinen Moossee und über das Bauerndorf Wiggiswil nach Jegenstorf. Wer hier noch nicht müde ist, könnte über Grafenried, Büren zum Hof und Schalunen nach Bätterkinden weiter marschieren (ca. drei Stunden). Unterwegs gibt es viele gemütliche Landbeizli und sommerliche Biergärten. Nostalgiefreunde kommen übrigens beim RBS auch auf ihre Kosten. Eine kleine Dampflok mit dem Namen „Feuriger Elias" und der nostalgische Elektrotriebwagen CFe 4/4 Nr. 11 (Baujahr 1916) werden auch für öffentliche Fahrten eingesetzt.

FOTO: VALLY GOHL

Vielfalt auf Schienen: 19 verschiedene Triebfahrzeuge beim RBS.

FOTO: RONALD GOHL

Die SNB fährt über sieben Brücken und bedient 14 Haltestellen.

„Bipperlisi" und ihre 750 000 Reisenden

Solothurn–Niederbipp-Bahn (SNB)

Jedes Jahr benutzen eine Dreiviertelmillion Personen die orangen Schmalspurzüge der Solothurn–Niederbipp–Bahn (SNB), die am 9. Januar 1998 ihr 80-jähriges Bestehen feierte. Die „Bipperlisi", wie sie von ihren Benutzern gern genannt wird, hat eine bewegte Geschichte hinter sich. Wegen des Ausbruchs des Ersten Weltkrieges dauerte die Fertigstellung der nur 14,5 Kilometer langen Strecke zwischen den Kantonen Solothurn und Bern vier Jahre. Bis in die Fünfzigerjahre wurde dann die Einstellung der Bahn mehrfach erwogen, weil das Unternehmen mit grossen finanziellen Problemen zu kämpfen hatte. Heute gehört die SNB zur Oberaargau-Solothurn-Seeland-Transport (OSST) und befördert ungefähr gleich viele Reisende pro Jahr wie im ersten Betriebsjahr. Über 50 Prozent ihres Ertrages erwirtschaftet die Bahn dank des Tanklagers Oberbipp aus dem Güterverkehr. Zu diesem Zweck wurde im Jahre 1969 ein drittes Normalspur-Gleis zwischen Oberbipp und Niederbipp installiert. Die SNB beschaffte ihre orange-farbenen Triebwagen im Jahre 1962 zusammen mit dem RVO.

INFO

Anreise: Solothurn liegt an der IC- und Schnellzugstrecke Zürich–Olten–Biel. **Fahrplanfeld:** 413. **Streckenlänge:** 14,5 km bis Niederbipp. **Fahrzeit:** 25 min bis Niederbipp. **Reservationen:** nur für Gruppen. **Verkehrszeiten:** das ganze Jahr im Halbstundentakt. **Besonderes:** Oft steht nur ein Triebwagen im Einsatz. **Spurweite:** 1000 mm.

Triebfahrzeuge: Vier Be 4/4 Nr. 301-304 (Baujahre 1966-78), ein De 4/4 Nr. 321 von 1912 und eine Em 3/3 Nr. 326 (Baujahr 1965).

Info: OSST 062/919 19 11

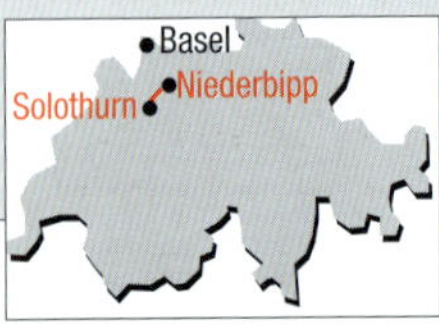

FOTO: STADLER FAHRZEUGE AG

Wirkt etwas eckig und ohne ausgewogenes Farbdesign: der neue Be 2/6 der BTI.

Die Seeländische Lokalbahn

Biel–Täuffelen–Ins-Bahn (BTI)

INFO

Anreise: Biel erreicht man in knapp 30 min von Bern aus. Von Basel sinds etwa 1 h 30 min mit dem Schnellzug. **Fahrplanfeld:** 261 **Streckenlänge:** 20,1 km. **Fahrzeit:** ca. 35 min. **Reservationen:** nur für Gruppen. **Verkehrszeiten:** das ganze Jahr. **Besonderes:** 1998 wurden die beiden letzten von sechs Stadler-Niederflur-Gelenktriebwagen der BTI übergeben. Mit diesen neuen Triebwagen lässt es sich bei höchstem Fahrkonfort zu Spitzengeschwindigkeiten reisen. **Spurweite:** 1000 mm.

Triebfahrzeuge: Die BTI verfügt über 14 Triebfahrzeuge, davon sechs Gelenktriebwagen (GTW), ein Buffettriebwagen, zwei Dieseltraktoren und ein Ersatzmodul für den GTW.

Info: BTI 032/396 11 10

Diese moderne, leistungsfähige Vorortsbahn wurde kurz nach dem ersten Weltkrieg als SLB-Zug (Seeländische Lokalbahn) eingesetzt. Um wertvolles Kulturland zu schonen , legte man anfänglich das Gleis auf rund elf Kilometern teilweise in die Staatsstrasse – mit dem Gedanken, dass diese Bahn irgendwann wieder verschwinden sollte. Erst das Ausbleiben der Autokonkurrenz während des Zweiten Weltkriegs führte zur Gründung der BTI im Jahre 1945, welche durch die Gemeinden und den Kanton Bern unterstützt wurde. Sie gilt als eine der jüngsten Privatbahnen in der Schweiz. Die Trennung von Strasse und Bahn ist heute vollzogen und die BTI verbindet die am stärksten industrialisierten Siedlungen des Kantons. Die Stadt Biel ist Ausgangspunkt einer Reise mit der BTI. Sie führt im Halbstundentakt über den Nidau-Büren Kanal, entlang der idyllischen Landschaft des Bieler Sees und vorbei an Bauernhöfen zum Ziel in Ins.

Foto: Manueala Frei

Auf der stillgelegten Strecke der Sensetalbahn kann jedermann eine Draisine fahren.

Draisinen statt Triebwagen

Sensetalbahn

Nicht einmal zwölf Kilometer lang ist die Strecke der Sensetalbahn zwischen Flamatt und Laupen unweit der Bundesstadt Bern. Die Zeiten für den öffentlichen Verkehr im Sensetal sind jedoch nicht einfach. Die Sensetalbahn (STB) verfügte vor kurzem noch über zwei veraltete Triebwagen. Bereits anfangs 1998 wurde der BDe 578 102 verschrottet und das Schwesterfahrzeug BDe 578 103 scheint vom Zustand her endgültig am Ende zu sein. Inzwischen hält die STB den Betrieb mit einem gemieteten Fahrzeug aufrecht. Die Sensetalbahn hat aber erkannt, dass man auch mit Draisinen Geld verdienen kann. Also wurde ein in der Schweiz längst tot geglaubtes Fahrzeug wieder zum Leben erweckt und auf der schon früher stillgelegten, neun Kilometer langen Strecke zwischen Laupen und Gümmenen zum Einsatz gerüstet. Was einem dabei sofort auffällt: Das Trassee verfügt über keine Oberleitung. Hier kommen auch Dampfzüge in Fahrt, natürlich nicht gleichzeitig mit den Draisinen. Für den Verein Dampfbahn Bern (DBB) ist das ein ideales Betätigungsfeld für Sonderfahrten.

INFO

Anreise: Laupen erreicht man von Bern aus mit der S1. **Fahrplanfeld:** 257. **Streckenlänge:** 21 km bis Gümmenen. **Fahrzeit:** 10 min mit der S1 bis Laupen, ca. 2 h mit den Draisinen nach Gümmenen und zurück. **Reservationen:** Draisinen müssen vorbestellt werden. **Verkehrszeiten:** Draisinen nur bei Tageslicht. **Besonderes:** Keine Vorkenntnisse als Draisinenführer. **Spurweite:** 1435 mm.

Triebfahrzeuge: fünf Draisinen für je vier Personen, ferner die Dampfloks des DBB

Info: STB 031/740 62 62

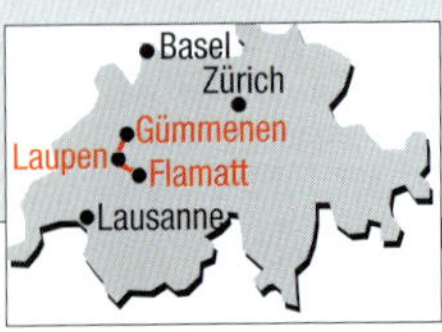

FOTO: ROGER HAUETER

BDeh 4/4 Nr. 2 fährt bei Engelberg-Niederberg talwärts in Richtung Boden.

Steile Rampe vor dem Klosterdorf

Luzern–Stans–Engelberg-Bahn

INFO

Anreise: Luzern erreicht man mit direkten Zügen von Bern, Basel und Zürich aus. **Fahrplanfeld:** 480. **Streckenlänge:** 34 km pro Weg. **Fahrzeit:** 58 min bis Engelberg. **Reservationen:** nur für Gruppen. **Verkehrszeiten:** das ganze Jahr. **Besonderes:** An Sonntagen während der Hochsaison verkehrt der Titlis-Express ohne Halt bis Engelberg. **Spurweite:** 1000 mm.

Triebfahrzeuge: zwei De 4/4 Nr. 121-122 (ehemals SBB-Brünigbahn), acht BDeh 4/4 Nr. 1-8 (Baujahr 1964) – interessant ist das „Rangierkrokodil" vom Typ Gm 4/4 Nr. 111. Es verkehren immer zwei Pendelzüge in Doppeltraktion, auf der Bergstrecke werden sie jedoch auseinandergekoppelt.

Info: LSE 041/610 25 25

Wer schon einmal mit der Bahn von Luzern nach Engelberg gefahren ist, erinnert sich mit Sicherheit an den steilen Streckenabschnitt zwischen Obermatt und Boden. Hier klettert der Zug über das 246 Promille steile Trassee bergauf – das ist für Bahnen mit gemischtem Adhäsions- und Zahnradantrieb eher ungewöhnlich. Im Wagen umhergehen kann man jedenfalls während dieses kurzen Aufstiegs nicht mehr. Die Luzern–Stans–Engelberg-Bahn (LSE) will ihre Bergstrecke entschärfen. Ein Tunnel soll die Schlüsselstelle umfahren, so dass künftig sieben statt nur zwei Wagen angehängt werden können. Auf dem ersten Streckenabschnitt zwischen Luzern und Hergiswil benützen SBB-Brünigbahn und LSE ein gemeinsames Schmalspur-Trassee. Danach trennen sich die Wege. Die LSE fährt über Stansstad – dort befand sich bis 1964 der Ausgangspunkt der Bahn – ins Klosterdorf Engelberg (1000 m ü.M.), das sich inmitten der Zentralschweizer Alpen befindet.

Foto: Ronald Gohl

Be 4/4 Nr. 8 fährt im September 1996 von Meiringen in Richtung Aareschlucht.

Kraftwerksbahn mit Personenverkehr

Meiringen–Innertkirchen-Bahn

Zuhinterst im Aaretal, wo die SBB-Brünigbahn in Meiringen ihre Lokomotiven wechselt, ist das Eisenbahnland noch nicht zu Ende. Hier hat die Meiringen–Innertkirchen-Bahn (MIB) ihren Ausgangspunkt. Sie hat ihre Station hinter dem SBB-Bahnhof, obwohl beide Linien über eine Spurweite von 1000 mm verfügen. Die Bahn diente ursprünglich dem Bau der Grimselkraftwerke. Zu diesem Zweck wurden zwei Dampflokomotiven der Rhätischen Bahn beschafft. Die Weiterführung der Strecke bis Guttannen konnte nie verwirklicht werden. Es besteht jedoch auf diesem Abschnitt eine unterirdische Stollenbahn, die in besonders strengen Wintern ausnahmsweise auch für den Personentransport eingesetzt werden kann. Die fünf Streckenkilometer führen von Meiringen nach Innertkirchen, dabei wird die Aareschlucht in einem Tunnel unterquert. Eine Fahrt mit der MIB kann man also ideal mit einer Wanderung durch die weltberühmte Schlucht verbinden. Dabei hat man sicher auch Gelegenheit die Triebfahrzeuge der MIB etwas genauer „unter die Lupe“ zu nehmen.

INFO

Anreise: Nach Meiringen kommt man mit der SBB-Brünigbahn von Luzern aus oder via Bern und Interlaken Ost (umsteigen). **Fahrplanfeld:** 474. **Streckenlänge:** 5 km pro Weg. **Fahrzeit:** 10 min bis Innertkirchen MIB. **Reservationen:** nur für Gruppen. **Verkehrszeiten:** das ganze Jahr. **Besonderes:** Eigentümer sind die Kraftwerke Oberhasli. **Spurweite:** 1000 mm.

Triebfahrzeuge: ein Be 4/4 Nr. 8 , zwei Bem 4/4 Nr. 6-7 und ein Be 4/4 Nr. 9 (ex RBS).

Info: MIB 033/828 73 40

Foto: Ronald Gohl

Triebwagen ABeh 4/4 II Nr. 311 (Baujahr 1987) in Steinhalten bei Lauterbrunnen.

Zwei komplette, zusammengekoppelte Züge

Berner Oberland-Bahnen

INFO

Anreise: Interlaken Ost erreicht man entweder von Zürich via Bern und Thun oder man benützt die SBB-Brüniglinie von Luzern über Meiringen. **Fahrplanfelder:** 311 und 312. **Streckenlänge:** 23,6 km (ganzes Netz) . **Fahrzeit:** 22 min bis Lauterbrunnen, 36 min bis Grindelwald. **Reservationen:** nur für Gruppen. **Verkehrszeiten:** das ganze Jahr, während den Spitzenzeiten im Halbstundentakt. **Besonderes:** respektable Steigung von bis zu 120 ‰. **Spurweite:** 1000 mm.

Triebfahrzeuge: zwei historische Lokomotiven des Typs HGe 3/3 Nr. 24 und 29, zwei ABDeh 4/4 Nr. 302 und 303, fünf ABeh 4/4 I Nr. 304-310, drei ABeh 4/4 II Nr. 311-313, ein Tm 2/2 Nr. 1 und eine HGm 2/2 Nr. 31.

Info: Jungfraubahnen 033/828 71 11

Der grosse Bahnhof von Interlaken Ost gehört nicht den SBB, die von Luzern und Meiringen her mit der Brünigbahn hier einfahren, auch nicht der BLS, welche die IC-Strecke Thun–Interlaken bedient – sondern den Berner Oberland-Bahnen (BOB). Sie fahren von Interlaken in die Lütschinentäler nach Lauterbrunnen und Grindelwald, in Zweilütschinen gabelt sich die Linie. Diese hat ihre Spezialität – fahren doch zwei komplette, zusammengekoppelte Züge bis Zweilütschinen, dort werden sie getrennt. Der vordere Teil fährt nach Grindelwald, der hintere nach Lauterbrunnen. Wie andere Gebirgsbahnen hat auch die BOB bei Eisenbahnfans im In- und Ausland viel Beachtung erlangt. Die Strecke für gemischten Adhäsions- und Zahnradbetrieb führt an landschaftlich interessanten Schaustücken vorbei. Fotofans aufgepasst: Die Lütschinentäler bieten vor allem im Sommer lohnende Standorte. Im Winter liegt dort hingegen oft monatelang Schatten.

FOTO: BLS-LÖTSCHBERGBAHN

Lötschberg wie aus dem Bilderbuch: Die Ae 6/8 Nr. 205 bei Blausee-Mitholz.

Mit innovativen Ideen in die Zukunft

BLS-Lötschbergbahn AG

INFO

Anreise: Bern ist Drehscheibe der BLS-Aktivitäten, die Bundeshauptstadt wird mit dem IC von Zürich, Basel und Lausanne erreicht. **Fahrplanfelder:** 220, 297, 298, 300, 310 und 320. **Streckenlänge:** 231,7 km (ganzes Netz). **Fahrzeit:** je nach Fahrziel unterschiedlich. **Reservationen:** nur für Gruppen. **Verkehrszeiten:** das ganze Jahr. **Besonderes:** Die neuen NINA-Triebwagen verkehren zwischen Bern und Neuchâtel (S 5). **Spurweite:** 1435 mm.

Triebfahrzeuge: Grosse Fahrzeugvielfalt mit Lokomotiven und Triebwagen, z.B. 18 blaue Re 465 001-018, 35 braune Re 425 161-195, zwei Doppellokomotiven Ae 485 273 und 275, vier Ae 4/4 Nr. 251...258 und als historisch wertvoll die Ce 6/8 Nr. 307 und Ae 6/8 Nr. 205.

Info: BLS 031/327 27 27

Die BLS-Lötschbergbahn AG ist nicht „irgendeine“ Privatbahn, sondern der wohl wichtigste Konkurrent der SBB. Sie betreibt nicht nur die Alpentransversale über den Lötschberg sondern auch einige weitere Strecken, z.B. durchs Simmental, durchs Gürbetal, nach Schwarzenburg oder zwischen Bern und Neuchâtel. Herzstück der Berner Alpenbahn ist natürlich der Lötschberg, der im Jahre 1913 in Betrieb ging. Seither ist die Strecke mehrfach ausgebaut worden, zuletzt durch Hinzufügung einer Doppelspur und durch die teilweise Absenkung des Trassees in den Tunnels, um auf der Achse Basel–Domodossola den Huckepacktransport von Lastwagen mit einer Eckhöhe von vier Metern zu ermöglichen. Überhaupt ist die BLS-Lötschbergbahn AG im Güterverkehr sehr aktiv. Zu den grossen „Playern“ in diesem Geschäft zählt die Deutsche Bahn AG, sie hat mit der BLS-Lötschbergbahn AG einen Kooperationsvertrag unterzeichnet. Heissen die Karten im Alptransit also künftig DB/BLS mit dem Lötschberg/ Simplon-Basistunnel gegen FS/SBB mit dem Gotthard-Basistunnel? Ziel von SBB und FS wäre eine Fusion aller Aktivitäten im Güterverkehr bis ins Jahr 2001. Doch auch die BLS spielen ihre Trümpfe mit der Lötschberg-/Simplonachse aus. Europaweit bestünden mit den neuen Rahmenbedingungen (freier Netzzugang, Liberalisierung) grosse Potentiale, die aber eine internationale Zusammenarbeit erfordern. Bevor eine deutsche BR 152 jedoch planmässig über den Lötschberg oder eine Re 465 der BLS bis Mannheim fährt, gibt es noch viel zu tun.

Doch die BLS ist mehr als nur der Lötschberg. Bereits 1893 nahm die Thunerseebahn (TSB) ihren Betrieb zwischen Scherzligen und Därligen auf. Die einst selbständige Bödelibahn Därligen–Interlaken–Bönigen reicht sogar bis ins Jahr 1869 zurück. Heute ist bei Interlaken Ost Endstation, bis 1969 fuhren die Züge aber noch bis an den Brienzer See bei Bönigen. Wegen des schlechten Zustands der Strecke wurde dieser Teil aber abgebrochen. Nur noch die Dienstgleise führen heute bis zur BLS-Werkstätte in Bönigen. Auf dem Stumpgleis bei der Lütschinenbrücke ist Endstation.

Innovativ zeigen sich die BLS auch im Fahrzeugbau. Das Unternehmen verfügte mit den Ae 4/4 Nr. 251 und 252 (Baujahr 1944) nicht nur über die ersten Drehgestelllokomotiven der Schweiz, mit dem NINA-Konzept setzen sie auch Akzente im Regional- und S-Bahn-Verkehr. Die acht neuen Triebwagen des Typs RABe 525 001-008 bestechen vor allem durch gute Einstiegsverhältnisse für Reisende und bieten dank dem Verzicht auf abgschlossene Abteile eine gute Sicht durch die gesamte Wageneinheit. Neu ist auch die Anordnung von 3+2 Sitzen je Reihe. Die tramähnlichen Fahrzeuge haben automatische Kupplungen.

FOTO: BLS LÖTSCHBERGBAHN

Der erste achtachsige NINA-Triebzug der Baureihe RABe 525 im Dezember 1998.

FOTO: VALLY GOHL

Von den Rebbergen zu den Gletschern: 927 Höhenmeter auf 44 km.

Die Reise zum Matterhorn

BVZ-Zermattbahn

INFO

Anreise: Von Bern und Thun durch den Lötschbergtunnel. Von Lausanne durchs Rhonetal. **Fahrplanfeld:** 140. **Streckenlänge:** 44 km pro Weg, davon 8,9 km mit Zahnrad. **Fahrzeit:** 1 h 21 min von Brig bis Zermatt. **Reservationen:** fakultativ. **Verkehrszeiten:** ganzjährig, seit 1982 wird auch der Glacier-Express ganzjährig geführt. **Besonderes:** Die Bahn überwindet auf ihrer Strecke 927 Höhenmeter, fährt über 39 Brücken, durch acht Lawinengalerien und durch ebensoviele Tunnels. **Spurweite:** 1000 mm.

Triebfahrzeuge: Zehn Elektroloks, neun Triebwagen, eine Dampflok von 1906, sechs Rangier-, Diesellokomotiven und Dieseltraktoren werden eingesetzt.

Info: BVZ 027/922 43 11

Die BVZ ist eine der klassischen Touristenbahnen der Schweiz. In vollklimatisierten Panorama- oder Nostalgiewagen werden die Passagiere von Brig bis hin zum ewigen Eis geführt.
Die Schienen der Zermattbahn ziehen sich entlang der Rebberge, Äcker, Wiesen und Berghänge; somit bietet sich den Mitreisenden eine unvergleichbare Aussicht. Bei diesem gewaltigen Naturschauspiel ist nicht nur das Matterhorn, sondern auch der Weg dorthin, bereits die Reise wert.
Aus wagemutigen und geschickten Konzessionsverhandlungen hervorgegangen, von Anfang an auf dem bestmöglichen Trassee erbaut, gefördert durch den immer grösser werdenden Drang nach den Bergen und unterstützt durch gewandte Leitung, stellt sich diese Linie heute an die Spitze der erfolgreichsten Bergbahnen der Welt.
Die gesamte 44 km lange Linie von Brig über Visp bis nach Zermatt wurde 1930 in Betrieb genommen.

FOTO: FURKA-OBERALP-BAHN

Nach Andermatt bezwingt der Zug in vier Kehren den über 2000 m hohen Oberalppass.

Von Schluchten und Pässen

Furka–Oberalp-Bahn

INFO

Anreise: Brig erreicht man via Bern und Spiez über den Lötschberg, von Lausanne besteht durchs Rhonetal eine IC- und Schnellzugverbindung. **Fahrplanfeld:** 610. **Streckenlänge:** 3,8 km Brig–Disentis, 96,7 km Andermatt–Schöllenen. **Fahrzeit:** 3 h 03 min bis Disentis, 15 min durch die Schöllenenschlucht. **Reservationen:** fakultativ, im Glacier-Express obligatorisch. **Verkehrszeiten:** das ganze Jahr. **Besonderes:** Wer nicht im Glacier-Express fährt, muss in Andermatt umsteigen. **Spurweite:** 1000 mm.

Triebfahrzeuge: Acht HGe 4/4 II Nr. 101-108 für den Regionalverkehr, fünf Deh 4/4 I Nr. 51-55, sechs Deh 4/4 Nr. 91-96 für den Regionalverkehr, zwei Tunnelloks Ge 4/4 Nr. 81-82, eine Dieselok Gm 4/4 Nr. 71 und vieles mehr.

Info: FO 027/922 81 11

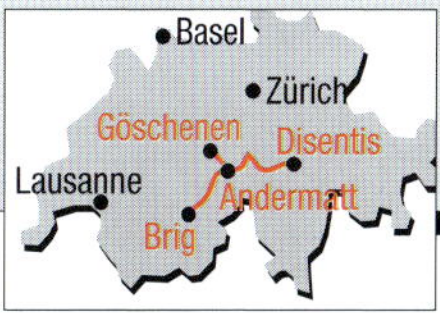

Neben der Rhätischen Bahn bietet die Furka–Oberalp-Bahn (FO) wohl die spektakulärsten Strecken der Schweiz. Das 100,5 km lange Netz dehnt sich von Brig im Oberwallis über Andermatt im Kanton Uri bis nach Disentis in Graubünden aus. In Brig besteht Anschluss an das Schmalspurnetz der BVZ-Zermattbahn, in Disentis an jenes der Rhätischen Bahn (RhB). Von Andermatt führt ein steiler Zahnstangenabschnitt durch die Schöllenenschlucht nach Göschenen hinunter (dort umsteigen auf die SBB-Normalspurzüge durch den Gotthard ins Tessin oder durch das Reusstal nach Erstfeld und Arth-Goldau. Die Schöllenenbahn, ursprünglich eine eigenständige Gesellschaft, fusionierte im Jahre 1961 mit der FO.

Auch 1982 schrieb die Furka–Oberalp-Bahn Geschichte, als der einspurige, 15,5 km lange Furka-Basistunnel in Betrieb genommen wurde. Das Bauwerk verschlang viele Millionen und wurde zum Politikum. Die Ausbuchtung nach Süden

FOTOS: FURKA–OBERALP-BAHN

Faszinierende Landschaften und kühne Viadukte zwischen Brig, Andermatt und Disentis.

wurde realisiert, um später eine Abzweigung ins Bedrettotal zu erstellen. Mitten im „Furkaloch" gibts eine unterirdische Kreuzungsstelle, also keine Sorge, wenn der Zug plötzlich einmal im Dunkeln hält. Früher führte die Strecke über den Furkapass. Diese Linie war jedoch nicht wintertauglich, so dass das Wallis jeweils zwischen November und April von der Zentralschweiz abgeschnitten war. Seit der Eröffnung des Tunnels hat die FO nicht viel von ihrer touristischen Attraktivität eingebüsst. Schon die Fahrt durch das Goms ist eine Reise wert, der Höhepunkt bildet aber zweifellos die Überquerung des Oberalppasses. Dieser wird auf der Seite von Andermatt mittels atemberaubenden Serpentinen „bezwungen". Die Strecke führt bis zum Hospiz auf 2044 m ü.M. Auf der Bündnerseite gehts dann weniger spektakulär durch zahlreiche Lawinengalerien talwärts. Die besten Plätze sind übrigens zwischen Brig und Disentis in Fahrtrichtung rechts. Angetroffen werden so berühmte Züge wie der Glacier-Express, der auch mit Panoramawagen geführt wird. Die FO verfügt über einen interessanten Rollmaterialpark, darunter acht moderne Thyristor-Zahnradlokomotiven vom Typ HGe 4/4 II Nr. 101-108. Daneben gibts aber auch ganz kuriose Schienenfahrzeuge wie den gelben Ta 2/2 mit der Nummer 4982.

Mit der neuen Depotwerkstätte in Brig-Glis nahm die Furka–Oberalp-Bahn im Dezember 1998 eine der modernsten Anlagen dieser Art in Betrieb. Überbaut wurde dabei ein Areal von 48 000 m^2. 6,2 km Gleise befinden sich alleine auf dem Depotgelände – manche eigenständige Privatbahn verfügt über weniger Streckenkilometer. Die Ingenieure der Anlage wurden unter anderem auch von den ICE-Wartungsanlagen in Hamburg, München und Berlin inspiriert. Viele Wartungsabläufe entstammen dem Prinzip dieser hochmodernen Betriebe.

FOTO: ROGER HAUETER

Schnellzug ins Engadin mit Ge 4/4 III Nr. 648 im Val Bever.

Natur pur auf Schmalspur

Die RhB wird zur touristischen Erlebnisbahn

INFO

Anreise: Chur wird von EC und IC via Basel und Zürich erreicht, von St.Gallen besteht durchs Rheintal eine IR-Verbindung. **Fahrplanfelder:** 910 bis 960. **Streckenlänge:** 375 km. **Fahrzeit:** Gemütliches Reisen auf dem ganzen Streckennetz (z.B. Chur–Tirano ca. 5 h oder Chur–St. Moritz ca. 2 h). **Reservationen:** Teilweise möglich oder sogar obligatorisch (Bernina Express). **Verkehrszeiten:** Das ganze Jahr, während der Spitzensaison mehrfach geführt. **Besonderes:** zahlreiche, fotogene Express-Züge. **Spurweite:** 1000 mm.

Triebfahrzeuge: Auf dem gesamten Streckennetz der RhB werden 61 Elektroloks, 31 Triebwagen, 56 Traktoren und Dienstfahrzeuge und drei Dampfloks eingesetzt.

Info: RhB 081/293 91 21

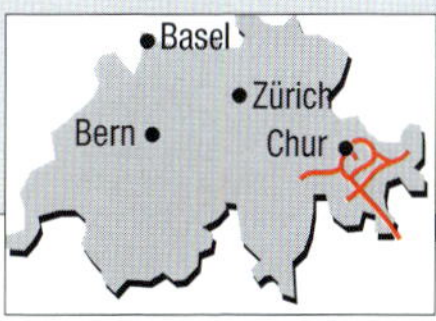

Im Jahre 1886 ergriff der eingewanderte Holländer Jan Willem Holsboer die Initiative und legte ein Projekt für eine Schmalspurbahn im Schweizer Kanton Graubünden vor. Sein Plan war eine Verbindung zwischen dem Schweizer Normalspurnetz und der italienischen Nachbarschaft zu realisieren. Bereits 1890 verkehrten die ersten Züge zwischen Landquart und Davos, und heute präsentiert sich das Unternehmen als zukunftsorientierte Bahn, welche mit 375 Streckenkilometern nicht nur das grösste zusammenhängende Schmalspurnetz der Schweiz, sondern von ganz Europa aufweist.

Als ausgesprochene Gebirgsbahn umfasst die Rhätische Bahn (RhB) 506 Brücken mit einer Gesamtlänge von 12,4 km und 118 Tunnels mit einer Gesamtlänge von 38,9 km. Praktisch ein Zehntel des Streckennetzes verläuft im Berg.

Der längste Tunnel, der Albulatunnel, liegt zwischen Preda und Spinas (Linie

Chur–St. Moritz) mit einer Länge von 5,9 km. Das kühne Bauwerk führt rund 1000 m unter der Gebirgsgruppe der Dschimels durch. Die Innentemperatur im Tunnel beträgt während des ganzen Jahres 16 Grad.

Die zahlreichen Schleifen und Kehrtunnels stellen hohe Anforderungen an die Bahn und wirken sogar auf „abgebrühte" Bahn-Fans faszinierend. Die extremen Höhenunterschiede (z.B. 429 m ü.M. im italienischen Veltlin und 2257 m ü.M. bei der Station Bernina Ospizio) warfen vor allem in den Anfängen der Rhätischen Bahn grosse Probleme auf. So musste die Schweizerische Lokomotiv- und Maschinenfabrik Winterthur (SLM) eigens für die RhB einen Maschinentyp entwickeln, der mit einer Leistung von rund 800 PS als stärkste schmalspurige Dampflokomotive in der Lage war auf den Albula-Rampen mit 35 ‰ Neigung eine Anhängelast von 90-95 Tonnen bei einer Geschwindigkeit von 28-30 km/h bergan zu ziehen. Für die Führer und Heizer „der guten alten Zeit" waren diese Dampffahrten kein Vergnügen: Besonders in den Kehrtunnels zwischen Filisur und Preda bildeten sich manchmal Schmierschichten auf den Schienen, welche die Triebräder der Lokomotive ins Schleudern brachten – so kam es vor, dass der Zug im Tunnel rückwärts rollte und am unteren Portal wieder herauskam. Die Fahrtrichtung des Zuges konnte oft nur noch festgestellt werden, indem die Lok-Besatzung einen Besen gegen die Tunnelwand hielt.

Die Entwicklung ist natürlich auch in Graubünden nicht stehen geblieben. Die RhB blickt in die Zukunft. Nebst modernsten Triebfahrzeugen und einer unversehrt schönen Natur, will man nun mit neuen Ideen noch mehr Erlebnis bieten.

Seit November 1998 verkehrt ein Spezialwagen mit Bar, Ess- und Spielbe-

FOTO: ROGER HAUETER

Bei Punt Muragl im Oberengadin überquert der Zug die Flaz.

Fotos: Ronald Gohl

Oben: G 4/5 Nr. 108 dampft bei Surova.
Mitte: Ge 4/4 III Nr. 647 wirbt für „Capito".

reich, einer Stube mit Sesseln und einem Schlafraum. Aber das ist noch nicht alles: Ein Shop-/Infowagen wird 1999 aus der Werkstatt rollen. Im Shopteil des Wagens lassen sich unterwegs bequem die besten Produkte des Kantons Graubünden einkaufen und im Infoteil kann man sich über Freizeit- und Tourimusangebote der Gegend erkundigen. In Planung ist ausserdem ein Nationalpark-Wagen, der die Gäste während der Reise mit allerlei Wissenswertem über den Nationalpark unterhält sowie ein Ethnowagen mit Infos über Kultur, Geschichte und Geografie des Kantons Graubünden.

Aber auch zahlreiche Spezialwagen wie die „Stiva Retica" sind Besonderheiten. „Stiva Retica" ist eine rollende Stube. Mit einem Innenausbau aus Bündner Fichtenholz, einer Bar, einem Stammtisch und 44 Sitzplätzen eignet sich dieser Wagen besonders als Stimmungs- und Partywagen. Nicht vergessen darf man die vier Salonwagen zu je 32 Sitzplätzen. Die aus den Zwanzigerjahren stammenden Pullman-Wagen verleihen jeder Reise einen Hauch von historischem Luxus. Daneben verkehrt für Kenner auch der „Gourmino"-Speisewagen oder die offenen Aussichtswagen für kühle Köpfe!

Das Erscheinungsbild der Rhätischen Bahn wird allerdings gleich bleiben. Im „roten Bähnli"-Kleid werden auch die zehn neuen Panoramawagen sein, welche aufs Jahr 2000 bestellt sind und im „Bernina Express" sowie „Heidiland Express" eingesetzt werden.

Am 19. November 1999 wird die Vereinalinie eröffnet – ein wichtiger Tag für die RhB und die Bündner Randregionen, denn die Reisezeit von Zürich ins Unterengadin wird dank dem Tunnel um einige Stunden verkürzt.

Die RhB ist auch ein professioneller Reiseveranstalter im Kanton Graubünden und organisiert bereits seit mehreren Jahren Spezialreisen auf dem spektakulären Bündner Bahnnetz. Jeder kommt dabei auf seine Kosten: Zum Beispiel mit dem „Glacier Express", der mit seinen Panoramawagen, als weltberühmter, langsamster Schnellzug von St. Moritz nach Zermatt über 270 Kilometer einer fazinierenden Bergwelt durchquert.

Der „Bernina Express" fährt zwischen Tirano und Chur oder von den Palmen des südländischen Veltlins bis hin zum ewigen Eis. Dieser Zug erklimmt die höchste Bahn-Transversale der Alpen. Sie gilt als eine der steilsten Eisenbahnen der Welt und verfügt nicht einmal über Zahnrad und Zahnstange. Seit 1997 gibt es auch den „Arosa Express", der in einer knappen Stunde Arosa erreicht. Die Fahrt führt von Chur an zahlreichen Alpweiden, Bergwäldern, Felspartien

Foto: Ronald Gohl

Der Regionalzug Samedan–Pontresina mit einer Ge 4/4 I als Zugmaschine.

und malerischen Bergdörfern entlang zum weltbekannten Sport- und Ferienort auf 1775 m ü.M. Chur ist übrigens die Hauptstadt des flächenmässig grössten Kantons und mit ihrer Siedlungsgeschichte von nahezu 5000 Jahren auch die älteste Stadt der Schweiz. Zu einer interessanten, abwechslungsreichen und romatischen Fahrt, lädt auch der „Heidiland Express" ein. Hier wird man von Landquart nach Tirano „entführt".
Für komplette Bahnfreaks werden auf Anfrage sogar Sonderfahrten mit der Berninabahn-Dampfschneeschleuder organisiert. Bei diesen Sonderfahrten wird von einem voranfahrendem Triebwagen Schnee ins Trassee geschaufelt Eine Show der besonderen Art.
Die Rhätische Bahn besticht nicht allein durch die Aussicht während der Fahrt, sondern auch durch die Art und Weise wie man reist. Bequeme Sessel, teilweise klimatisierte Wagen, interessante Triebfahrzeuge.
Rückblickend kann man die Leistung eines ehemals armen Bergkantons nur bewundern. Was hier innert einem Jahrhundert vollbracht worden ist, erscheint um so anerkennenswerter, wenn man bedenkt, welche grossen Schwierigkeiten allein schon die komplizierte Topographie dieses Gebirgslandes bot. Die Bündner hatten einst in den Bahnbau grosse Erwartungen gesetzt. Sie sind nicht nur erfüllt, sondern in mancher Hinsicht weit übertroffen worden. Ohne die Bahn wären beispielsweise die bekannten Tourismusorte wie Arosa, Pontresina, Davos und St. Moritz kaum je das geworden, was sie heute sind. Aber auch alle anderen Dörfer und Dörfchen im „Land der tausend Täler" (genau genommen sind es an die 150 Täler) wurden durch die RhB erst richtig erschlossen. Man erinnere sich nur an die Tatsache, dass eine Postkutschenfahrt von Chur ins Engadin ganze 14 Stunden erforderte.

FOTO: ADTRANZ

Ge 4/4 mit Flachwagen-Blockzug für Panzertransporte, aufgeladen auf Rollböcken.

Panzer und Touristen

Chemin de fer Bière–Apples–Morges

INFO

Anreise: Morges liegt an der InterCity-Linie Zürich–Lausanne–Genf, es halten allerdings nur Regional- und Schnellzüge. **Fahrplanfeld:** 156. **Streckenlänge:** 29,7 km, davon 10,6 km Apples–L'Isle. **Fahrzeit:** 34 min Morges–Apples–Bière, 14 min Aplles–L'Isle. **Reservationen:** nur für Gruppen. **Verkehrszeiten:** das ganze Jahr. **Besonderes:** Ungewöhnlich sind die UIC-Puffer an den beiden Güterzugloks. **Spurweite:** 1000 mm.

Triebfahrzeuge: zwei Loks Ge 4/4 Nr. 21 und 22 (ähnlich wie Ge 4/4 III der RhB), zwei Triebwagen BDe 4/4 Nr. 2 und 3, ein BDe 4/4 Nr. 4, drei Be 4/4 Nr. 11, 12 und 14, ein Tm 2/2 Nr. 41, ein X2 Nr. 1 und die selbstfahrende Draisine Dam.

Info: BAM 021/801 08 05

Morges, einer der attraktivsten Uferorte am Genfer See, ist Ausgangspunkt der Bière–Apples–Morges-Bahn (BAM). Nach einer 75 km/h schnellen Fahrt durch das Hochplateau am Fusse des Waadtländer Juras, gabelt sich die Strecke in Apples. Der wichtigere Zweig führt nach Bière (694m), der andere nach L'Isle-Mont-La-Ville (666m) – beides touristisch lohnende Ziele. Das Trassee windet sich vom See aus in grossen Schleifen durch ein fruchtbares Bauernland in die Höhe. Die Anschlussbahn auf der Teilstrecke L'Isle-Mont-La-Ville, welche heute den rechten Schenkel des Y-förmigen Bière-BAM-Netzes bildet, fuhr früher mit einer einzigen Dampflok des Typs G 3/3 sowie einigen wenigen Personenwagen. Heute genügt auf dieser Strecke meist ein einzelner Triebwagen, welcher in verkehrsschwachen Zeiten durch einen Bus ersetzt wird. 1994 beschaffte die BAM zusätzlich zwei Ge 4/4, welche ausschliesslich als Güterzugloks genutzt werden.

FOTO: VALLY GOHL

Ein moderner trn/CMN-Triebwagen fährt in den Bahnhof von La Chaux-de-Fonds ein.

Ein Kind der Lotterie

Chemins de fer des Montagnes neuchâteloises

Das Unternehmen Chemins de fer des Montagnes neuchâteloises wurde 1947 aus zwei vormals eigenständigen Bahnen gegründet, der Regionalbahn Les Ponts-de-Martel–La Sagne–La Chaux-de-Fonds und der Regionalbahn Le Locle –Les Brenets.

Die Finanzierung der Bahn gestaltete sich mühsam, trotzdem auferlegte man sich in technischer und baulicher Beziehung bescheiden. Es ist bezeichnend, dass in Les-Ponts-de-Martel ein Komitee eine Lotterie (850 Lose zu 1 Franken) veranstalten musste, um das sehr einfache Stationsgebäude mit einer Uhr und einem Regendach ausstatten zu können. Die Gründer der Bahn Les Ponts-de-Martel –La Sagne–La Chaux-de-Fonds hatten das Verkehrsaufkommen überschätzt und kamen nie aus den finanziellen Schwierigkeiten hinaus, selbst die Übernahme 1893 durch den Kanton Neuenburg sollte daran nicht viel ändern. Die Bahn Le Locle-Les Brenets, welche Le Locle mit dem Tal des Doubs verbindet, hätte eigentlich ein Bestandteil der internationalen Linie Paris-Bern bilden sollen. Daraus ist aber nichts geworden.

INFO

Anreise: Direkte Züge von Basel, Zürich oder Bern nach Biel, dort meist umsteigen in den Regionalzug nach La Chaux-de-Fonds **Fahrplanfeld:** 222. **Streckenlänge:** 20,4 km pro Weg. **Fahrzeit:** 76 min bis Les Ponts-de-Martel. **Reservationen:** nur für Gruppen. **Verkehrszeiten:** das ganze Jahr. **Besonderes:** Einheitliche Wagenklasse **Spurweite:** 1000 mm.

Triebfahrzeuge: vier BDe 4/4 Nr. 2-5, drei BDe 4/4 Nr. 6-8 und ein Tm 2/2 Nr. 11

Info: trn 032/861 41 41

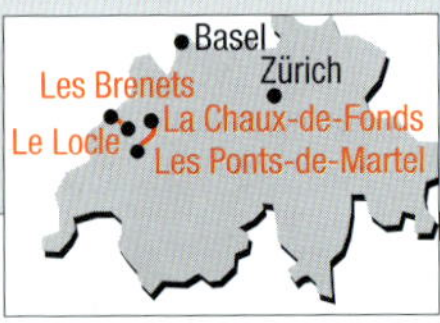

FOTO: RONALD GOHL

Weideland und hohe Schirmtannen mit BDe 4/4 II bei Creux des Piches.

Fast wie in Skandinavien

Chemins de fer du Jura

INFO

Anreise: Tavannes liegt an der Jura-Nebenlinie Delémont–Sonceboz–Biel der SBB. **Fahrplanfeld:** 236. **Streckenlänge:** 76 km pro Weg. **Fahrzeit:** 1 h 27 min bis Glovelier. **Reservationen:** nur für Gruppen. **Verkehrszeiten:** das ganze Jahr. **Besonderes:** Umsteigen in Le Noirmont. **Spurweite:** 1000 mm.

Triebfahrzeuge: Die CJ verfügen neben einer Reihe von Schmalspurloks und -triebwagen auch über Normalspur-Rollmaterial (Strecke Porrentury–Bonfol). Zwischen Tramelan und Glovelier sind meist die Triebwagen vom Typ BDe 4/4 I Nr. 601...608 sowie BDe 4/4 II Nr. 611-614 unterwegs. Daneben gibts auch zwei De 4/4 I (Nr. 401 und 402) sowie ein De 4/4 II Nr. 411.

Info: CJ 032/486 93 31

Vor der Gründung der Chemins de fer du Jura (CJ) im Jahre 1944 gab es vier verschiedene Bahngesellschaften, die um ihre Existenz kämpften. Die Älteste zwischen Tramelan und Tavannes wurde bereits 1884 eröffnet. Für Bahntouristen ist das Streckennetz der CJ sehr lohnend. Anders als in den Alpen wird von der Privatbahn eine milde, hügelige Landschaft mit mächtigen Tannenwäldern erschlossen. Fast könnte man sich im fernen Skandinavien fühlen. Das Uhrenstädtchen Tavannes, wo auch die SBB-Schnellzüge halten, ist Ausgangspunkt für eine Fahrt mit der CJ. Von hier aus führt das Trassee stetig ansteigend gegen Westen. Nach Tramelan klettert der Zug mittels einer S-Kurve vom Talboden auf das Hochplateau. Weiter gehts über Wiesen, vorbei an grossen Bauernhöfen und Baumgruppen nach Le Noirmont. Hier verzweigt sich die Linie. Wir fahren nicht nach La Chaux-de-Fonds, sondern über Saignelégier und die Franches Montagnes nach Glovelier im Tal der Sorne.

FOTO: VALLY GOHL

„Chemin de fer Léger de La Riviera" heissen die neuen Triebwagen der CEV.

Panoramaterrasse über dem Genfer See

Chemin de fer électriques Veveysans

INFO

Anreise: Vevey am Genfer See erreicht man via Lausanne, wo in den Zug nach Montreux bzw. Brig umgestiegen wird. **Fahrplanfeld:** 112 und 113. **Streckenlänge:** 10,4 km bis Les Pléiades, 3 km zwischen Blonay und Chamby. **Fahrzeit:** 38 min bis Les Pléiades. **Reservationen:** nur für Gruppen. **Verkehrszeiten:** das ganze Jahr. **Besonderes:** Der Niederflur-Gelenktriebwagen fährt von Vevey über Blonay und Chamby nach Montreux. **Spurweite:** 1000 mm.

Triebfahrzeuge: fünf BDeh Nr. 71-75, vier Be 2/6 Nr. 7001-7004 (ohne Zahnrad), ein BDe Nr. 105, ein BDe Nr. 103 und zwei Zahnradloks He Nr. 1 und 2. Ferner die beiden elektrischen Traktoren Te Nr. 81 und 82.

Info: CEV 021/964 55 91

Chemin de fer électriques Veveysans (CEV) heisst die Schmalspurbahn, die von Vevey am Genfer See (386 m ü.M.) auf die Panoramaterrasse Les Pléiades (1348 m ü.M.) klettert. Auf ihrem ersten Teilstück zwischen Vevey und Blonay fahren die Züge ohne Hilfe des Zahnrads. Die maximale Neigung beträgt 50 ‰. Grösstes Bauwerk ist der 114 m lange Viadukt über die A9. In Blonay trennen sich die Wege. Die vier neuen Gelenktriebwagen vom Typ Be 4/6 fahren weiter nach Chamby, wo Anschluss zur Montreux–Oberland Bernois (MOB) besteht. Die Strecke wurde zwischen 1966 und 1998 nicht mehr von der CEV bedient. Die Museumsbahn Blonay– Chamby übernahm aber den Unterhalt, so dass heute wieder die Regionalbahn verkehren kann. Die zweite Strecke führt mittels Zahnstange und Zahnrad (200 ‰) über La Chiesaz und Ondallaz zur Aussichtsplattform Les Pléiades hinauf (Panorama zum Genfer See und hinüber zu den Savoyer Alpen).

FOTO: ADTRANZ

Der neue BDe 4/4 Nr. 121 auf der Schmalspurlinie Palézieux–Bulle–Montbovon.

Zwischen Genfer See und Greyerzerland

Chemin de fer Gruyère–Fribourg–Morat

INFO

Anreise: Palézieux an der Strecke Bern–Lausanne ist Ausgangspunkt der Reise mit der GFM. Der Ort erreicht man mit dem Regionalzug. **Fahrplanfeld:** 256. **Streckenlänge:** 61 km pro Weg. **Fahrzeit:** 1 h 23 min bis Montbovon. **Reservationen:** nur für Gruppen. **Verkehrszeiten:** das ganze Jahr. **Besonderes:** lohnender Abstecher von Bulle nach Broc (Fahrplanfeld 253). **Spurweite:** 1000 mm.

Triebfahrzeuge: Aussergewöhnlicher vielfältiger Rollmaterialpark mit Normal- und Schmalspurtriebwagen und -lokomotiven. Zum Beispiel die GDe 4/4 vom gleichen Typ wie bei der MOB oder die früheren DDR-Loks der Baureihe Ae 4/7 (Normalspur). Relativ neu sind BDe 4/4 Nr. 121 und 122 (Schmalspur).

Info: GFM 026/351 02 00

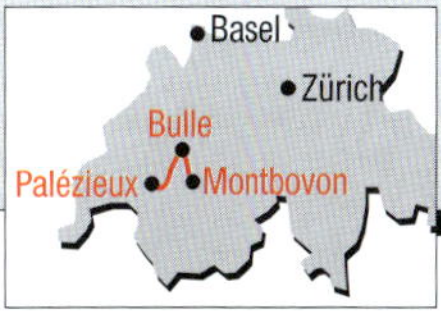

Neben dem grössten konzessionierten Autobusnetz der Schweiz verfügen die Freiburger Bahnen – richtig heissen sie Chemin de fer Gruyère–Fribourg–Morat (GFM) – über eine ganze Palette von Normal- und Schmalspurstrecken. Herzstück ist dabei der Bahnhof von Bulle, ein prestigeträchtiges Bauwerk, das die GFM stark in die Schulden geführt hat. In Bulle steigt man in den Normalspurzug nach Romont, die Reise führt durch ein grünes, sanftes Tal am Rande eines waldigen Hügelzugs. Wir können aber auch in den Schmalspurzug nach Palézieux einsteigen, das nicht weit vom Genfer See liegt – eine schöne Fahrt durchs Freiburger Oberland. Der gleiche Zug fährt von Bulle aus in der entgegengesetzten Richtung weiter ins Herz des Greyerzerlandes. In Montbovon besteht Anschluss ans Netz der Montreux–Oberland Bernois (MOB). Mit einem weiteren Schmalspurzug gehts von Bulle aus zur Schokoladenfabrik in Broc, die auch besichtigt werden kann.

FOTO: VALLY GOHL

Die neuen LEB-Triebwagen des Typs Be 4/8 (Baujahre 1985 und 1991) sind 41,10 m lang.

Erste Schmalspurbahn der Schweiz

Chemin de fer Lausanne–Echallens–Bercher

Am Genfer See schrieb die Chemin de fer Lausanne–Echallens–Bercher, kurz LEB, als erste Meterspurbahn Eisenbahngeschichte. Ausgangspunkt für die modernen grün-weissen Triebwagen ist seit dem 27. Mai 1996 der neue, unterirdische Bahnhof Chauderon. Er ist Teil der geplanten Verlängerung der LEB bis ins Zentrum der Stadt Lausanne. Am 5. November 1873 nahm die Schmalspurbahn zwischen Lausanne und Cheseaux ihren Betrieb auf. Sieben Monate später wurde sie bis Echallens und 16 Jahre danach bis Bercher verlängert. Zur Zeit der Betriebsaufnahme gab es so unsinnige Behördenauflagen, wie eine Geschwindigkeitsbeschränkung auf 6 km/h. Ausserdem hatte die Bahn auf beiden Seiten der Gleise einen 1,50 m hohen Zaun zum Schutze der Bevölkerung aufzustellen. Nach dem Willen der Behörden musste der Lokführer dauernd mit einer Kuhglocke bimmeln und ein Angestellter hatte mit einer roten Fahne dem Zug vorauszueilen. Die Verwaltung nahm diese Auflagen jedoch nie sehr ernst. Dafür zählte sie schon im ersten Jahr 100 000 Reisende.

INFO

Anreise: Nach Lausanne gelangt man von Zürich über Bern mit dem IC, durch den Jura gibts von Basel ebenfalls eine IC-Verbindung. **Fahrplanfeld:** 101. **Streckenlänge:** 30 km pro Weg. **Fahrzeit:** 40 min bis Bercher. **Reservationen:** nur für Gruppen. **Verkehrszeiten:** das ganze Jahr. **Besonderes:** Der Place Chauderon liegt einige hundert Meter vom Lausanner SBB-Bahnhof entfernt. **Spurweite:** 1000 mm.

Triebfahrzeuge: Die Triebwagen vom Typ Be 4/4 sind 20,55 m lang und bieten 172 Plätze.

Info: LEB 021/886 20 00

FOTO: VALLY GOHL

BDeh 4/4 Nr. 6 im Bahnhof von Finhaut – auffällig ist die bunte Bemalung der Züge.

Grenzbahn zwischen Rhone und Mont-Blanc

Chemin de fer Martigny–Châtelard

INFO

Anreise: Martigny im Rhonetal erreicht man via Lausanne oder Brig. **Fahrplanfeld:** 132. **Streckenlänge:** 20,9 km bis zur Grenze. **Fahrzeit:** 49 min bis Le Châtelard-Frontière, 2 h 20 min bis St-Gervais. **Reservationen:** nur für Gruppen. **Verkehrszeiten:** das ganze Jahr, direkte internationale Züge ins Hochtal von Chamonix. **Besonderes:** GA und Halbtaxabo sind kurioserweise bis in den französischen Bahnhof Vallorcine gültig. **Spurweite:** 1000 mm.

Triebfahrzeuge: BDeh 4/4 Nr. 4-8 sowie 501 und fünf Panorama-Triebwagen BDeh 4/8. Davon gehören allerdings nur zwei der MC, zwei weitere der SNCF (Typenbezeichnung Z 800) und einer der Region „Rhône Alpes“.

Info: MC 027/722 20 61

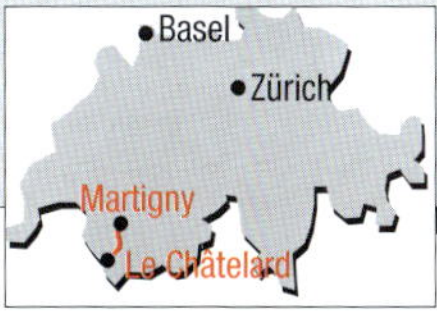

Eine internationale Eisenbahnlinie verbindet das Rhonetal (Schweiz) mit dem Hochtal von Chamonix (Frankreich). Zwei Bahngesellschaften – die französische Staatsbahn SNCF und die Walliser Chemin der fer Martigny–Châtelard (MC) – teilen sich den Betrieb auf der insgesamt 55 km langen Strecke bis St-Gervais am Fusse des Mont-Blanc. Von den 20,9 Schweizer Bahnkilometern führen 2,5 über Zahnstangenabschnitte. In Le Châtelard-Frontière muss man nicht unbedingt auf die französische SNCF umsteigen, seit 1996 fährt der Mont-Blanc-Express bis Chamonix und St-Gervais. Spektakulär ist der Streckenabschnitt Vernayaz–Le Châtelard, das schwierige Gelände musste mit 21 Tunnels und 28 Viadukten erschlossen werden. Die rot-weissen Triebwagen der Baureihe BDeh 4/4 stammen aus den Jahren 1957 und 1964. Sie verfügen über 760 PS und beziehen ihre Leistung abwechselnd aus Stromschiene oder Oberleitung.

FOTO: VALLY GOHL

Schönes Schweizerland, bunte Züge: der ABDe 4/4 Nr. 6 der Martigny–Orsières-Bahn.

Bernhardinerhunde

Chemin de fer Martigny–Orsières

Wer in Martigny in die roten Züge der Chemin de fer Martigny-Orsières (MO) steigt, muss sich entscheiden, ob er nach Le Châble oder Orsières fährt. In Sembrancher zweigt von der Stammlinie die Strecke ins Val d'Entremont ab. Von Le Châble kann man mit der Seilbahn in den weltbekannten Ferienort Verbier auf 1398 m ü.M. hochschweben.

INFO

Anreise: Martigny im Rhonetal erreicht man via Lausanne oder Brig. **Fahrplanfeld:** 133. **Streckenlänge:** 26 km, davon 6,5 km Sembrancher–Le Châble. **Fahrzeit:** 30 min bis Orsières, 29 min bis Le Châble. **Reservationen:** nur für Gruppen. **Verkehrszeiten:** das ganze Jahr. **Besonderes:** Schluchtartige Szenerie mit 25 Viadukten und neun Tunnels. **Spurweite:** 1435 mm.

Triebfahrzeuge: fünf ABDe 4/4 Nr. 5-9, ein Tm 2/2 Nr. 512 und ein Tm 2/2 Nr. 240

Info: MO 027/722 20 61

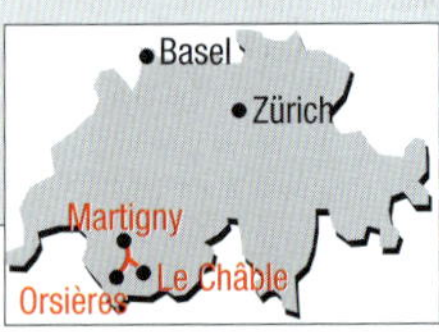

Recht auffällig kommen die ABDe 4/4 der Martigny–Orsières-Bahn daher. Die Züge heissen „St-Bernard-Express" und sind mit Bernhardinerhunden bemalt. Für einmal ist das kein Touristen-Gag; wir befinden uns nämlich auf dem Weg zum Grossen St. Bernhard, jener 2469 m hoher Passübergang zu Italien, der den hühnenhaften Lawinenhunden seinen Namen gegeben hat. Ursprünglich sollte die MO den Grossen St. Bernhard mittels eines Tunnels unterqueren, bereits 1850 gab es dafür Pläne. Doch die Arbeiten am Tunnel mussten nach wenigen Metern wieder eingestellt werden. Aus der Eisenbahnverbindung Martigny–Aosta wurde nichts. Die Linie endet heute in Orsières (von dort mit dem Postauto zum Lac de Champex hoch).

FOTO: RONALD GOHL

Ge 4/4 Nr. 8002 mit „Panoramic“ kurz vor dem Ferienort Château-d'Oex.

Steil, schnell und stark

Montreux–Oberland Bernois

INFO

Anreise: Montreux am Genfer See erreicht man via Bern und Lausanne (umsteigen). **Fahrplanfeld:** 120 (Stammlinie) und 120.2 (Stichlinie nach Lenk). **Streckenlänge:** 88 km (Stammlinie), 19 km (Zweisimmen–Lenk). **Fahrzeit:** 1 h 50 min bis Zweisimmen, 2 h 08 min bis Lenk (von Montreux aus). **Reservationen:** in den Panoramazügen obligatorisch. **Verkehrszeiten:** das ganze Jahr, die Panoramazüge sind teilweise im Winter etwas seltener unterwegs. **Besonderes:** „Crystal“ und „Golden“ haben nur Wagen 1. Klasse. **Spurweite:** 1000 mm.

Triebfahrzeuge: Vier Ge 4/4 Nr. 8001-8004, vier GDe 4/4 Nr. 6001-6004 und zwei Gm 4/4 Nr. 2003-2004. Ferner 16 Triebwagen und ein historischer Triebwagen.

Info: MOB 021/989 81 81

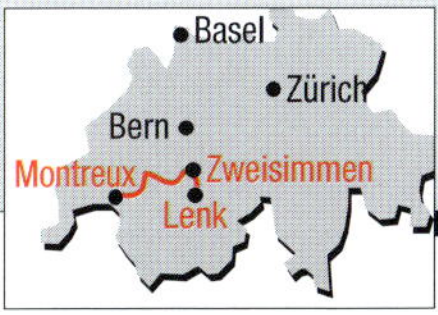

Der Rekord der steilsten Adhäsionsbahn geht nicht etwa nach Graubünden, sondern an die Montreux–Oberland Bernois (MOB). Fälschlicherweise wird in der Literatur immer wieder darauf hingewiesen, daß die Berninabahn mit einer Steigung von 70 ‰ als steilste Adhäsionsbahn gilt. Diese Verhältnisse sind zwar respektabel, werden aber von der Westschweizer MOB noch übertroffen. Im Gebiet der malerischen Narzissenfelder von Les Avants erreicht das Trassee der Montreux–Oberland Bernois eine Maximalsteigung von 73 ‰. Die bloss wenige Kilometer lange und steil ansteigende Rampe von Montreux bis zum Scheiteltunnel Col de Jaman – das Nordportal liegt auf 1113 m ü.M., Montreux auf 395 m ü.M. – verlangt von den Triebfahrzeugen einiges ab. Mittels Kehrtunnels und Kehrschlaufen muss ein Höhenunterschied von 718 m bezwungen werden.

Auch sonst gilt die MOB als richtige Bergbahn mit zahlreichen Kurven, vielen Kunstbauten und grossen Neigungen. Auf dem Streckennetz zwischen Montreux und Lenk im Simmental können 18 Tunnels mit einer Gesamtlänge von 4600 Meter gezählt werden. Selbst Königin Elisabeth II. war von der abwechslungsreichen Strecke so fasziniert, dass sie schon mehrmals mit der MOB fuhr. Der Salonwagen As 110 trägt seither das königliche Wappen.

Und gleich noch ein Rekord geht an die Westschweiz: Die MOB besitzt die schnellsten Schmalspurlokomotiven Europas. Bis ins Jahr 1996 hielt die GDe 4/4 6003 mit 110 km/h den Europa-Rekord, der schließlich durch die 120 km/h schnellen Ge 4/4 8001-8004 abgelöst wurde. Neun fast baugleiche Maschinen sind auch auf dem Stammnetz der Rhätischen Bahn unterwegs, diese sind aber für nur 100 km/h zugelassen. Die Lok fährt auf zwei Drehgestellen mit je zwei Radsätzen, wobei in jedem Drehgestell zwei Drehstrommotoren die Lok antreiben. Dabei dürfen die Ge 4/4 8001-8004 einen weiteren Rekord in Anspruch nehmen: sie gelten als die stärksten, vierachsigen Triebfahrzeuge mit Gleichstromspeisung, die mit Drehstrommotoren ausgerüstet wurden – sie erbringen 2 MW Dauerleistung bei nur 900 Volt Fahrdrahtspannung. Die flinken Maschinen kommen hauptsächlich im Schnellzugverkehr vor den Panoramic-Zügen zum Einsatz. Die etwas älteren Rekordlokomotiven des Typs GDe 4/4 fahren in den Paradezügen „Golden Panoramic-Express“ und „Crystal-Panoramic“. Zu diesem Zweck sind sie jeweils in der Mitte in den Zug eingeordnet.

Die Montreux–Oberland Bernois gilt auch als treibende Kraft bei der Realisierung der dritten Schiene zwischen Zweisimmen und Interlaken Ost. Wenn die Lücke im Berner Oberland geschlossen ist, können Schmalspurzüge vom Genfer See bis an den Vierwaldstätter See verkehren – eine touristisch attraktives Angebot für alle Beteiligten.

FOTO: RONALD GOHL

Regionalzug Zweisimmen–Gstaad mit Steuerwagen ABt 5004 bei Oeschseite.

FOTO: VALLY GOHL

Im Grenzbahnhof von La Cure steht der Triebwagen Be 4/4 Nr. 201 zur Abfahrt bereit.

Von den Rebbergen zu den Juraweiden

Chemin de fer Nyon–St.Cerque–Morez

INFO

Anreise: Nyon liegt an der IC-Strecke Genf–Lausanne–Bern–Zürich, es halten allerdings nur Schnellzüge und Regionalzüge **Fahrplanfeld:** 155. **Streckenlänge:** 27 km pro Weg. **Fahrzeit:** 47 min bis La Cure. **Reservationen:** nur für Gruppen. **Verkehrszeiten:** das ganze Jahr, an Werktagen bis Arzier oder St-Cergue im Halbstundentakt. **Besonderes:** Die NStCM verfügt über eine der seltenen selbstfahrenden Schneeschleudern. **Spurweite:** 1000 mm.

Triebfahrzeuge: fünf Be 4/4 Nr. 201-205 (Baujahre 1985/86), ein BDe 4/4 Nr. 211 (Baujahr 1991), ein BDe 4/4 Nr. 221 (Baujahr 1936), die Schneeschleuder XT(rot)m Nr. 251 und der Baudienstriebwagen Xa Nr. 102 (früher BDe 4/4 Nr. 2).

Info: NStCM 022/362 23 44

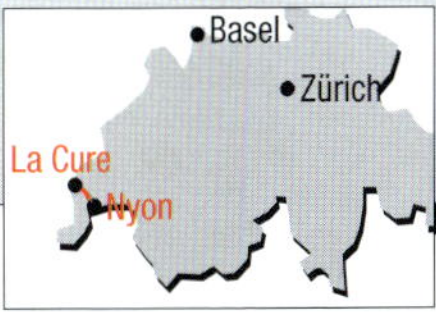

Rund eine Stunde benötigt man für die Reise vom Genfer See zu den Jurahöhen. Die Chemin de fer Nyon–St.Cerque–Morez ist eine richtige Gebirgsbahn, die ein beliebtes Wander- und Skigebiet erschliesst. Auf der 27 km langen Fahrt wird ein Höhenunterschied von 749 m überwunden. Das moderne Bähnchen in den Farben rot und orange klettert von den Rebbergen am See bis zu den Tannenwäldern am Col de la Givrine. Je höher man kommt, desto überwältigender ist das Panorama. Endstation ist La Cure an der französischen Grenze. Früher gings noch weiter bis nach Morez, die Strecke wurde allerdings 1958 stillgelegt. Heute verkehrt ein Bus in den zwölf Kilometer entfernten Ort. In den Sechziger- und Siebzigerjahren wurde auch die Einstellung der Bahn auf Schweizer Seite diskutiert. Das Rollmaterial war veraltet und das Defizit hoch. Die NStCM hat jedoch den Sprung in die Zukunft gewagt und präsentiert sich heute als moderne Regionalbahn.

FOTO: VALLY GOHL

Das romantische Stationsgebäude von Orbe mit dem Triebwagen Be 2/2 Nr. 14.

Die erste elektrische Normalspurbahn

Chemin de fer Orbe–Chavornay

Wer hat schon einmal von der Orbe–Chavornay-Bahn gehört? Mit ihrer Eigentumslänge von rund vier Kilometern zählt sie nicht gerade zu den grossen Privatbahnen. Mit ihr gelangt man von der SBB-Station Chavornay – ein verschlafenes Nest an der Bahnlinie Yverdon–Lausanne – nach Orbe im Kanton Waadt. Die OC kann dank ihren Gütereinnahmen gut leben. Viel Industrie, vor allem Nahrungsmittelhersteller, sorgen dafür, dass es immer etwas zu transportieren gibt. Die Anschlussgleise zu den einzelnen Betrieben sind daher etwa noch einmal so lang wie das Netz der öffentlichen Strecke. Vom Bahnhof Chavornay fährt man mit dem Triebwagen westwärts auf die Orbe-Ebene. Später wird der kleine Rangierbahnhof Les Granges erreicht, wo sich die Gleise in drei verschiedene Richtungen verzweigen. Unser Zug fährt leicht bergauf bis zum Bahnhöfchen von Orbe. Die OC hat übrigens auch Geschichte geschrieben, war sie doch die erste elektrisch betriebene Normalspurbahn der Schweiz – allerdings mit einem heute eher exotischen Stromsystem (750 V =).

INFO

Anreise: Nach Chavornay gelangt man mit dem Regionalzug Yverdon–Lausanne. Bis Yverdon kommt man mit dem InterCity. **Fahrplanfeld:** 211. **Streckenlänge:** 3,9 km pro Weg. **Fahrzeit:** 9 min bis Orbe. **Reservationen:** nur für Gruppen. **Verkehrszeiten:** das ganze Jahr. **Besonderes:** Halt auf Verlangen in St-Eloi. **Spurweite:** 1435 mm.

Triebfahrzeuge: Lokomotiven De 2/2 Nr. 32, Ee 2/2 Nr. 1-2, Em 3/3 Nr. 3 und Triebwagen Be 2/2 Nr. 14, BDe 4/4 Nr. 12-13.

Info: OC 024/441 20 21

FOTO: ROGER HAUETER

Einer der beiden NPZ-Triebwagen der Pont-Brassus-Bahn, fotografiert bei Vallorbe.

Dunkles Tal, weiter See

Pont-Brassus-Bahn (PBr)

So mancher Kenner des Eisenbahnlandes Schweiz steht vor Rätseln, wenn er von den Initialen PBr hört. Und viele

INFO

Anreise: Vallorbe erreicht man mit dem Regionalzug von Lausanne aus, der TGV ist nur für Reisende nach Frankreich reserviert. **Fahrplanfeld:** 201. **Streckenlänge:** 24 km pro Richtung. **Fahrzeit:** 40 min bis Le Brassus. **Reservationen:** nur für Gruppen. **Verkehrszeiten:** das ganze Jahr, meist im Stundentakt. **Besonderes:** viele attraktive Fotostandorte bei Le Pont. **Spurweite:** 1435 mm.

Triebfahrzeuge: zwei RBDe 4/4 (NPZ sowie vier Traktoren vom Typ Te I und Tm I, II und III.

Info: PBr 024/425 62 15

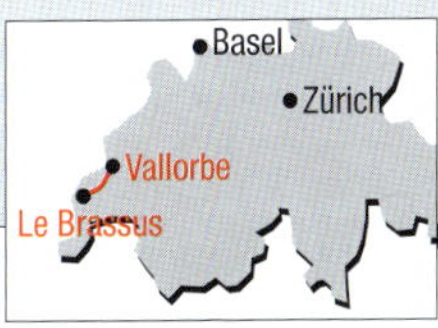

vernehmen zum ersten Mal von der Existenz der Pont-Brassus-Bahn. Dabei ist die 13 km lange Strecke nahe der französischen Grenz im Schweizer Jura hoch interessant. Die PBr zweigt vom Grenzbahnhof Vallorbe von der TGV-Linie Lausanne– Paris ab, durchfährt das enge Waldtal der Orbe und erschliesst zwischen Le Pont und Le Brassus die Hochebene des Lac de Joux. Das sind landschaftlich einzigartige Gegensätze, welche während einer Fahrt mit der Nebenbahnlinie entdeckt werden.

Die PBr wurde im August 1998 hundertjährig. Ihre Entstehung verdankt die Linie der Eisgewinnung auf dem Lac de Joux. Als es noch keine Kühlschränke gab, sollen pro Jahr über 3000 mit Eis beladene Wagen abtransportiert worden sein. Die beiden Weltkriege gingen im Gegensatz zu anderen Bahnen fast spurlos an der PBr vorüber. Torf- und Holztransporte sorgten sogar für zusätzlichen Verkehr zwischen dem Lac de Joux und Vallorbe.

Foto: Dietmar Beckmann

Wälder und Schluchten bei Champ-du-Moulin auf der Linie des RVT.

Schweizer Regionalbahn nach Frankreich

Chemin de fer Régional du Val-de-Travers (RVT)

Ein stilles, fast verträumtes Tal im Jura leistet sich eine eigene Lokalbahn. Als im Jahre 1860 die Schweiz über den Jura mit Frankreich verbunden wurde (der TGV Paris–Zürich fährt heute über diese Linie) fühlten sich die Gemeinden in der Talsohle des Val de Travers ins Abseits gedrängt, denn die Bahnlinie verläuft über ihren Köpfen hinweg am Südhang des Tals. Aus diesem Grund wurde eine eigene Bahn gebaut, die noch heute als RVT besteht. Ihr Streckennetz umfasst 14 km und erschliesst das innere Val de Travers. Die Stammlinie führt von Tavers über Fleurier nach Buttes. In Fleurier besteht eine Abzweigung nach St-Sulpice. Doch der RVT kann mehr als nur zwischen den kleinen Dörfern an der Areuse hin und her zu pendeln. Im Austauschverkehr mit der SBB fahren die RVT-Züge bis Neuchâtel. Direkte Züge gibt es sogar bis ins französische Städtchen Pontarlier – zweimal täglich, jeweils am Morgen und am Abend (in den Sommermonaten nur morgens). Mit drei weiteren Jurabahnen wird der RVT von der Transport Régionaux Neuchâtelois (trn) verwaltet.

INFO

Anreise: Neuchâtel ist Bahnknoten am Jurasüdfuss mit Anschluss an die S-Bahn Bern. **Fahrplanfeld:** 221. **Streckenlänge:** 36 km von Neuchâtel bis Buttes. **Fahrzeit:** 42 min bis Buttes. **Reservationen:** nur für Gruppen. **Verkehrszeiten:** das ganze Jahr, meist im Stundentakt. **Besonderes:** Zwischen Neuchâtel und Buttes kommen abwechselnd SBB- und RVT-Triebwagen zum Einsatz. **Spurweite:** 1435 mm.

Triebfahrzeuge: eine Lok Be 4/4, zwei ABDe 2/4, ein ABDe 4/8, drei RBDe 4/4, ein Tm 2/2

Info: RVT 032/861 41 41

Privatbahn ohne eigenes Rollmaterial

Chemin de fer Vevey–Chexbres (VCh)

INFO

Anreise: Nach Vevey gelangt man via Lausanne, wo man vom IC aus Bern in den InterRegio nach Brig umsteigt. **Fahrplanfeld:** 111. **Streckenlänge:** 13 km pro Weg. **Fahrzeit:** 10 min bis Chexbres. **Reservationen:** nur für Gruppen. **Verkehrszeiten:** das ganze Jahr im Stundentakt. **Besonderes:** kurvenreiche Fahrt durch die Rebberge. **Spurweite:** 1435 mm.

Triebfahrzeuge: Die VCh verfügt über kein eigenes Rollmaterial. Seit 1995 steht ein neuer NPZ der SBB im Einsatz (Triebwagen RBDe 560 131-5 und Steuewrwagen Bt 35 131-9). Der Zug präsentiert sich in den Farben gelb und blau und trägt die Aufschrift „Train des Vignes".

Info: Rail-Service 157 22 22

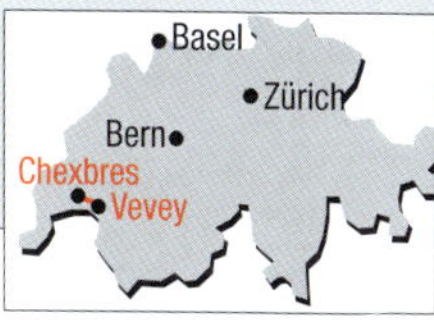

Reizvoll gelegen sind die Rebberge am Genfer See. Mitten durch diese Weinbauern-Szenerie fährt der Zug von Vevey nach Chexbres. Die 13 km lange Strecke besteht zu über drei Vierteln aus Kurven, ausserdem muss der Zug eine Neigung von 14 ‰ bewältigen. 1904 nahm die Chemin de fer Vevey–Chexbres (VCh) ihren Betrieb auf. Von Anfang an verfügte die Privatbahn über kein eigenes Rollmaterial, die Strecke wurde an die SBB verpachtet, aber von der Privatbahn verwaltet. Seit Oktober 1995 verkehrt zwischen Vevey und Chexbres ein neuer, leuchtend gelber Zug mit dem Wappen von St. Saphorin. „Train de Vignes" heisst der neue Zug. Doch auch die Strecke wurde saniert, 7,7 Millionen Franken bezahlte dafür der Kanton Waadt, die Gemeinden sowie die Winzervereinigung. Für die SBB bringt die eingleisige Strecke einen Vorteil: Im Falle einer Panne zwischen Chexbres und Lausanne (IC-Verkehr), können die Züge über Vevey umgeleitet werden.

Privatbahn, von den SBB betrieben; „Train des Vignes" mit RBDe 560 131-5.

FOTO: VALLY GOHL

FOTO: RONALD GOHL

Vor dem Aufstieg durch die Kalksteinfelsen des Juras hält der Zug in Baulmes.

Das Werk eines einzigen Mannes

Chemin de fer Yverdon–Ste-Croix (YSteC)

INFO

Anreise: Yverdon ist Ausgangspunkt für eine Reise mit der YSteC, die Stadt liegt an der Jurasüdfusslinie der SBB. **Fahrplanfeld:** 212. **Streckenlänge:** 24,2 km pro Weg. **Fahrzeit:** 40 min bis Ste-Croix. **Reservationen:** nur für Gruppen. **Verkehrszeiten:** das ganze Jahr im Stundentakt. **Besonderes:** Idyllische Juralandschaft mit Kalksteinfelsen, Weiden und weit ausladenden Tannen. **Spurweite:** 1000 mm.

Triebfahrzeuge: zwei Be 4/4 I Nr. 4-5 (Baujahr 1945), drei Be 4/4 II Nr. 1-3 (Baujahr 1981), eine Ge 4/4 „Krokodil" Nr. 21 (Baujahr 1950), zwei Tm 2/2 Nr. 22-23 aus den Jahren 1971 und 1989. Das „Krokodil" entstand im Eigenbau und wurde provokativ mit einem Krokodilbild bemalt.

Info: YSteC 024/425 62 15

Wohl kaum ihresgleichen findet die Entstehungsgeschichte der Yverdon–Ste-Croix-Bahn. Sie ist nämlich durch einen einzigen Mann finanziert worden. Der gottesfürchtige Alleinaktionär Wiliam Barbery aus Valeyres-sous-Rances schrieb seinem Bahnunternehmen allerdings ein Sonntagsfahrverbot vor. Erst 1919 nach dem Tod des Besitzers rollte der erste Sonntagszug über die Strecke. Die YSteC zählt zu den gebirgigsten aller Jurabahnen. Ihr stellenweise in den Fels gesprengtes Trassee ist jedoch zum Verdruss der Eisenbahnfotografen schlecht zugänglich. Obwohl die Bahn auf knapp 25 km einen Höhenunterschied von 631 m überwindet, durchquert sie vor der steil aufsteigenden Juraflanke auch eine flache Landschaft mit Wäldern und Wiesen. Eine Fahrt mit der YSteC ist sehr abwechslungsreich, denn mit zunehmender Höhe blickt der Reisende an klaren Tagen auf das eindrucksvolle Alpenpanorama. Umfangreiche Bauten schützen vor den häufigen Steinschlägen.

FOTO: VALLY GOHL

1877 bis 1954 Drahtseilbahn, danach auf Zahnradbetrieb umgebaut.

Eine Zahnradbahn als Métro

Chemin de fer Lausanne–Ouchy (LO)

Die günstige und schnelle Lausanner Métro funktioniert auch heute noch wie am Schnürchen. Daran hing sie seit 1877. Noch heute spricht die Bevölkerung von der „ficelle", auch wenn sie seit 1958 eine Zahnradbahn ist. Die Métro soll auf Doppelspur umgebaut werden. Sie führt vom Seeufer des Lac Léman schnurgerade zum SBB-Bahnhof und ist eine Minute später beim Flon, wo wiederum die Lausanner S-Bahn TSOL abfährt.

Die Zahnradbahn mit Lok und zwei Wagen hat noch lange nicht ausgedient. Vorgesehen ist, dass man sie auf Doppelspur ausbaut. Eine neue Métro soll dem breit gefächerten Verkehrssystem ein Rückgrat geben und die bestehenden Transportangebote vernetzen.

Zur Hauptsache dient die Lausanner Métro dem Berufsverkehr. An schönen Tagen benützen aber auch Ausflügler die Zahnradbahn – nicht weil die Fahrt damit so schön wäre – sondern um schnellstmöglichst vom Bahnhof SBB zur Schiffsanlegestelle in Ouchy zu gelangen. Die Züge verkehren in Intervallen von $7^1/2$ Minuten.

INFO

Anreise: Lausanne ist Verkehrsknoten zwischen den wichtigen SBB-Linien von und nach Bern, Genf und Brig. **Fahrplanfeld:** 103. **Streckenlänge:** 1485 m pro Weg. **Fahrzeit:** 6 min pro Richtung. **Reservationen:** nicht möglich. **Verkehrszeiten:** das ganze Jahr, während des Sommers von 06.30 bis 0.30 alle $7^1/2$ Minuten. **Besonderes:** Zwischen Bahnhof und See werden sieben Stationen bedient. **Spurweite:** 1435 mm.

Triebfahrzeuge: drei Zahnradloks und zwei Gütertriebwagen

Info: LO 021/621 01 11

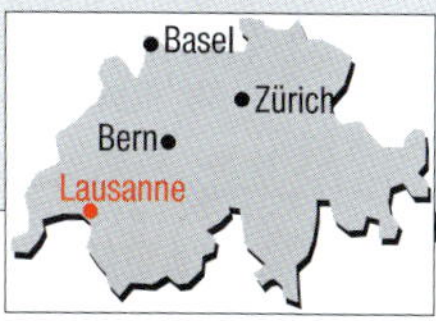

FOTO: ADTRANZ SCHWEIZ

Neues Konzept für die Schweiz: Einsteigen auf Perronhöhe in Lausanne.

Nahverkehrs-Triebwagen nach Stadtbahn-Bauart

Tramway du Sud-Ouest Lausannois (TSOL)

Die Tramway du Sud-Ouest Lausannois zählt zu den jüngsten Bahnunternehmen der Schweiz. Sie startete als S-Bahn im Jahr 1990 mit zwölf neuen Fahrzeugen, die eine Mischung aus Tram und U-Bahn sind. Vergleichbare Fahrzeuge existieren in der Schweiz nicht. Von den U-Bahnen übernahm die TSOL den Betrieb auf einem separaten Trassee, auch die Einstiegshöhe, die Bahnsteige auf der Strecke und die Sicherheitseinrichtungen mit eigener Signalisation entsprechen dem Untergrundbahn-Konzept. Aussehen, Länge und Leistung der Züge erinnern jedoch eher an ein Tram.

Mit der TSOL wird das Stadtzentrum von Lausanne (Place du Flon) mit Chavannes, Ecublens und Renens verbunden. In der Eisenbahngeschichte der Schweiz nimmt die Lausanner Stadtbahn eine Sonderstellung ein, denn es handelt sich um die erste neugebaute Bahn seit dem Ersten Weltkrieg. Gebaut wurden die Stadtbahnwagen, eine völlige Neuentwicklung, von Vevey Technologies (Bombardier-Gruppe) in Villeneuve. Sie können pro Stunde und Richtung bis zu 4000 Fahrgäste befördern.

INFO

Anreise: Lausanne ist Verkehrsknoten zwischen den wichtigen SBB-Linien von und nach Bern, Genf und Brig. **Fahrplanfeld:** 102. **Streckenlänge:** 7,8 km pro Weg. **Fahrzeit:** 19 min bis Renens. **Reservationen:** nicht möglich. **Verkehrszeiten:** das ganze Jahr, tagsüber alle zehn Minuten. **Besonderes:** Stadtbahntriebwagen mit ebenem Einstieg. **Spurweite:** 1435 mm.

Triebfahrzeuge: zwölf Elektro-Gelenktriebwagen mit Verbrennungsmotor als Hilfsantrieb.

Info: TSOL 021/621 01 11

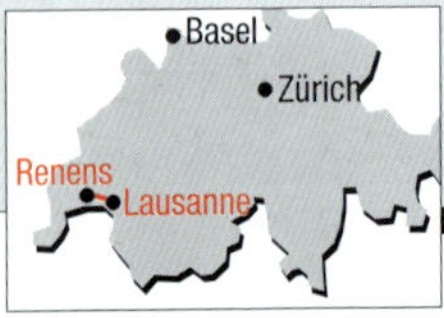

FOTO: VALLY GOHL

Meterspur-Bahnhof Aigle: Ausgangspunkt von drei Privatbahnen.

Vier Bahnen in vier Tälern

Transport Public du Chablais (TPC)

INFO

Anreise: Aigle liegt im Rhonetal an der SBB-Linie Lausanne–Brig (Schnellzughalt). **Fahrplanfelder:** 126 (AOMC), 124 (ASD), 125 (AL) und 127/128 (BVB). **Streckenlänge:** 23,1 km (AOMC), 22,4 km (ASD), 6,2 km (AL) und 17,1 km (BVB). **Fahrzeit:** 1 h 02 min bis Champéry (AOMC), 43 min bis Les Diablerets (ASD), 32 min bis Leysin, 1 h 04 min bis Bretaye. **Reservationen:** nur für Gruppen. **Verkehrszeiten:** das ganze Jahr. **Besonderes:** touristisch attraktive Region. **Spurweite:** 1000 mm.

Triebfahrzeuge: Einsatz von Zahnradbahnlokomotiven und -triebwagen auf allen vier Bahnlinien, darunter auch interessante Nostalgiefahrzeuge (Trans Ormonan Express) und Dienstfahrzeuge.

Info: TPC 024/466 16 35

Eine Bahn mit dem Namen „Transport Public du Chablais" gibt es nicht. TPC heisst die Verwaltung in Aigle, welcher vier Bahnunternehmen angeschlossen sind, nämlich die Chemin de fer Aigle–Leysin (AL), die Chemin de fer Aigle–Ollon–Monthey–Champéry (AOMC), die Chemin de fer Aigle–Sépey–Diablerets (ASD) und die Chemin de fer Bex–Villars–Bretaye (BVB). Die BVB fährt ab Bex, die übrigen drei Bahngesellschaften ab Aigle. In der Region könnte man länger verweilen, denn die vier Bahnen sind hoch interessant und erschliessen ein faszinierendes landschaftliches Umfeld. Alle vier fahren in ein anderes Bergtal, jedes dieser Bergtäler weist sehr viel Eigenständigkeit auf. Am längsten ist die Linie der AOMC. Mit den Triebwagen in den Farben rot und weiss reist man 23 km weit ins Val d'Illez. Endstation ist erst im Walliser Kurort Champéry auf 1053 m ü.M. nahe der französischen Grenze. Direkt hinter dem Bahnhof nimmt die grosse

Seilbahn Champéry–Planachaux ihren Ausgang. Sie erschliesst im Sommer ein herrliches Wander- und Bikegebiet und im Winter wird die Region länderübergreifend mit Frankreich verbunden. „Les Portes du Soleil" nennt sich das angeblich grösste Skigebiet der Welt: über 650 miteinander verbundene Pistenkilometer stehen zur Verfügung.
Auf der gegenüberliegenden Seite der Rhone liegt im Kanton Waadt das Ziel der ASD. 22 km sind es bis in den nicht weniger berühmten Winter- und Sommersportort Les Diablerets auf 1157 m ü.M. Auf dieser Strecke kommen auch zwei eigenwillige Fahrzeuge zum Einsatz, nämlich die historischen Triebwagen BDe 4/4 Nr. 1 und 2. Beide sind mit blumigen und alpenländischen Bildern versehen. Sie kommen hauptsächlich als Dienstfahrzeuge und bei Sonderfahrten zum Einsatz. Trans-Ormonan-Express nennt sich das dazugehörige Nostalgie-Produkt, das vom TPC vermarktet wird. 33 Viadukte und sechs Tunnels liegen zwischen Aigle und Les Diablerets.
Ebenfalls im Bahnhof von Aigle fährt die AL ab. Auch sie, wie kann es anders sein, erschliesst einen bekannten Ferienort. Leysin liegt auf 1253 m ü.M., auf den Zahnstangenabschnitten steigt das Bähnchen um 230 ‰. Sehenswert ist der imposante Viadukt kurz vor Leysin, der schon seit 1915 doppelspurig befahren werden kann.
Letzte im Bunde ist die BVB, eine Zahnradbahn, welche bereits auf Seite 106 vorgestellt wurde. Aus diesem Grund soll hier nicht näher darauf eingegangen werden.
Die vier Unternehmen, die von der TPC verwaltet werden, haben einige Gemeinsamkeiten: Sie werden als gemischte Adhäsions- und Zahnradbahnen betrieben, erschliessen Ferienorte und fahren auf Meterspur. Unter den Bahnen werden im beschränkten Ausmass auch Fahrzeuge ausgetauscht.

FOTO: RONALD GOHL

AOMC-Endstation Champéry: Im Bahnhof steht der BDeh 4/4 Nr. 12.

Foto: Ronald Gohl

Tunnels, hohe Viadukte, tiefe Schluchten und üppige Wälder im Centovalli.

Über tiefe Schluchten und enge Felsspalten

Die Centovalli-Linie

INFO

Anreise: Locarno erreicht man von Bellinzona aus mit dem Regionalzug der SBB. **Fahrplanfeld:** 620. **Streckenlänge:** 51,2 km pro Weg. **Fahrzeit:** 1 h 42 min bis Domodossola. **Reservationen:** nur für Gruppen. **Verkehrszeiten:** das ganze Jahr. **Besonderes:** kein Transport von Fahrrädern, Gruppen nicht in allen Zügen. **Spurweite:** 1000 mm.

Triebfahrzeuge: Die schweizerische FART hat sechs ABe 4/6, zwei Ae 4/6 (Baujahr 1992/93), ein ABe 6/6 „Berna" und ein ABDe 6/6 „Vallese" (Baujahr 1963) im Einsatz. Ferner verfügt die Centovallibahn über einen historischen Triebwagen vom Typ Ce 2/2 (Baujahr 1909), einen Xe 2/2-Hilfstriebwagen und den Tm 2/2 Nr. 9 des Baudienstes.

Info: FART 091/751 00 31

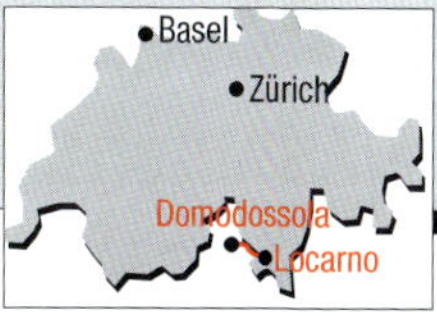

Die kürzeste Verbindung zwischen dem Tessin und der Stadt Bern führt über Domodossola (Italien), den Simplon- und Lötschbergpass. Besonders eindrucksvoll und spannend ist die Reise durch das Centovalli (Tessin) und Val Vigezzo (Italien). Da fährt man mit Niederflur-Panoramazügen entlang tiefer Schluchten und Felsspalten mit silber glänzenden Wasserfällen, über bunte Wiesen und gewagte Brücken, durch Rebberge und Kastanienwälder. 51,2 km lang ist die Strecke – eine abwechslungsreiche und kurzweilige Fahrt.
Die Centovallibahn wird von zwei Bahngesellschaften betrieben, der Tessiner Ferrovie e Autolinee Regionali Ticinesi (FART) und der italienischen Società Subalpina di Imprese Ferroviarie (SSIF). Gemeinsam wurden ab 1992 zwölf neue Gelenktriebwagen vom Typ ABe 4/6 und Ae 4/6 (Nr. 57 und 58 sind Fahrzeuge mit 1. Klasse-Bestuhlung) in Betrieb genommen, acht Fahrzeuge gehören der FART, vier der SSIF.

FOTO: VALLY GOHL

FLP: Seit 1912 in Betrieb, 1979 durch fünf Doppeltriebwagen verjüngt.

An den See und an die Grenze

Ferrovia Lugano–Ponte Tresa (FLP)

Nur gerade zwei Schmalspurbahnen gibt es im Tessin, eine führt durchs Centovalli und die andere von Lugano nach Ponte Tresa. Die Reise mit der Ferrovia Lugano–Ponte Tresa (FLP) beginnt in Lugano, dem subtropischen Städtchen am Cerésio (wie der Luganer See auf italienisch genannt wird). Zunächst gehts vom Bahnhof Lugano aus durch zwei Tunnels bis der Zug auf der Höhe von Sorengo den kleinen, malerischen Lago di Muzzano erreicht. Die Fahrt dem Ufer entlang dauert nicht lange, denn das Trassee schwenkt nach Norden ab und verläuft zwischen Autobahn und Waldrand. Bei Bioggio wird die Vedeggio überquert und man fährt ab hier plötzlich wieder gegen Süden. Zwischen Agno (hier befindet sich der Flughafen) und Magliaso folgt das orangefarbene Bähnchen dem Ufer des Cerésio – der fjordähnliche See hat unzählige Arme und Buchten. Schliesslich wird die Ebene von Magliasina überquert und kurz vor Ponte Tresa erneut eine Bucht des Luganer Sees erreicht. Ponte Tresa ist Grenze und Endstation der FLP. Wie wär's mit einem Sprung nach Italien?

INFO

Anreise: Lugano liegt an der internationalen Nord-Süd-Achse. Alle EC und IC halten hier. **Fahrplanfeld:** 635. **Streckenlänge:** 12,2 km bis Ponte Tresa. **Fahrzeit:** 21 min pro Richtung. **Reservationen:** nur für Gruppen. **Verkehrszeiten:** das ganze Jahr, meist im 20-Minuten-Takt. **Besonderes:** nur eine Wagenklasse. **Spurweite:** 1000 mm.

Triebfahrzeuge: moderne Gelenk- und Doppeltriebwagen aus den Jahren 1968 und 1979, gleiche Bauart wie RBS.

Info: FART 091/751 00 31

Foto: DFB

Dampfromantik pur ist auf der baumlosen Bergstrecke Realp–Gletsch angesagt.

Mit Volldampf über die Passhöhe

Dampfbahn Furka-Bergstrecke

INFO

Anreise: Realp erreicht man mit der Furka–Oberalp-Bahn (FO) von Brig aus in etwa 90 Minuten oder von Göschenen aus in etwa 30 Minuten (Umsteigen in Andermatt). **Fahrplanfeld:** 615. **Streckenlänge:** 7,1 km von Realp bis Furka. **Fahrzeit:** 50 Minuten. **Reservationen:** für Gruppen obligatorisch. **Verkehrszeiten:** nur im Sommer von ca. Mitte Juni bis Oktober. **Besonderes:** Ab 2000 verkehrt die Bahn von Realp bis Gletsch mit einer Fahrzeit von 1h 50 min. **Spurweite:** 1000 mm.

Triebfahrzeuge: Drei Dampfloks, eine Diesellok, zwei Kleinfahrzeuge mit Verbrennungsmotoren und Dienstwagen. Zwei weitere Dampfloks aus Vietnam warten auf die Revision, dafür werden noch Sponsoren gesucht.

Info: DFB Reisedienst 027/ 973 33 74

Zwischen Realp im Kanton Uri, Furka und künftig sogar Gletsch im Wallis verkehrt eine der jüngsten Privatbahnen der Schweiz. Die DFB Aktiengesellschaft wurde von ihren Anhängern 1985 gegründet, um den Abbruch der alten Passlinie zu verhindern. Mit der neuen Streckenführung der Furka–Oberalp-Bahn (FO), die seit 1982 durch den Furka-Basistunnel verläuft, war die ursprüngliche Linie, die jeweils im Winter eigestellt werden musste, dem Untergang geweiht. Dank dem unermüdlichen und freiwilligen Einsatz der Mitglieder „Verein Furka-Bergstrecke“ und deren Teilnahme am Aktienkauf gibt es diese Originalstrecke noch. Wer sie einmal gefahren ist, wird die Idealisten verstehen. Bisher dampften die Züge nur bis zum Furka-Scheiteltunnel auf der Urnerseite, ab dem Jahr 2000 soll der offizielle Fahrplanbetrieb bis nach Gletsch im Wallis aufgenommen werden. Bis zu diesem Zeitpunkt sind aber noch einige Unterhaltsarbeiten nötig.

FOTO: BRUNO HITZ

Ed 3/3 Nr. 401 und Ed 3/4 Nr. 2 anlässlich 20 Jahre DVZO am 16. Mai 1998.

Zeugen der Vergangenheit

Dampfbahn-Verein Zürcher Oberland

Das Kürzel DVZO steht für den Dampfbahn-Verein Zürcher Oberland, der seit 1995 sogar über eine eigene historisch wertvolle Lokremise samt Drehscheibe im Zürcherischen Uster besitzt. Hier hat der DVZO seine Werkstätte eingerichtet und hier stehen interessante Dampflokomotiven. Immer wenn der Dampfbahn-Verein zum sonntäglichen Halali bläst, rücken aus der ganzen Schweiz unzählige Fans an. Hobbyfotografen suchen entlang der Strecke die besten Standorte und tragen, wenn der schnaubende DVZO-Zug vorbei ist, stolz ihre Trophäen mit nach Hause. Wer nicht nur Spalier steht, sondern mit dem Zug fährt und dafür auch seinen Obulus abliefert, ahnt vielleicht, wie viel Arbeit und Enthusiasmus notwendig ist, um die Dampfmaschinen und historischen Wagen fahrtüchtig zu halten. Natürlich wird hier Fronarbeit geleistet. Die DVZO-Aktiven verbringen oft jede freie Minute in der Werkstatt, um ihre fünf Feuerbüchsen und zwei Elektroveteranen in Schuss zu halten – eine sinnvolle Freizeitbeschäftigung, der Lohn sind störungsfreie Fahrtage.

INFO

Anreise: Bauma, Treffpunkt der DVZO-Fahrten. Zu erreichen über Zürich und Winterthur, dort weiter mit dem Regionalzug in Richtung Rapperswil. **Fahrplanfeld:** 742. **Strecke:** stillgelegte Linie Bauma–Hinwil. **Reservationen:** nur für Gruppen ab zehn Personen. **Verkehrszeiten:** nur am Wochenende gemäss DVZO-Fahrplan. **Besonderes:** Gültig sind nur Museums-Spezialbillette. **Spurweite:** 1435 mm.

Triebfahrzeuge: Ed 3/3 Nr. 401, Ed 3/4 Nr. 2, E 3/3 Nr. 8518, zwei Elektroveteranen der BT.

Info: Bahnhof Bauma 052/386 12 41

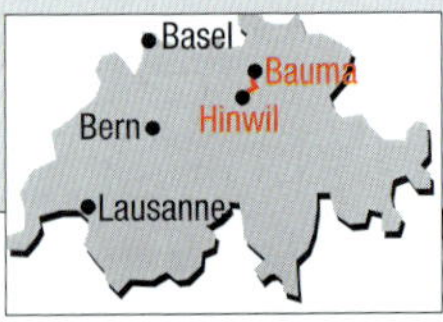

FOTO: SAMUEL BÜHLMANN

G 2x3/5 „Garrat" macht mit 700 PS selbst der G 4/5 der RhB alle Ehre.

Rauch zwischen jungen Bäumen

Schinznacher Baumschul-Bahn

INFO

Anreise: Von Zürich oder Basel bis Brugg, dort ins Postauto nach Schinznach Dorf umsteigen. **Fahrplanfeld:** ohne Eintrag im Kursbuch. **Streckenlänge:** 3,1 km auf dem Baumschulgelände. **Fahrzeit:** 15-30 min. **Reservationen:** nur für Gruppen. **Verkehrszeiten:** Ende April bis Anfang Oktober jeweils am Wochenende, Halbstundentakt. **Besonderes:** offene Panoramawagen. **Spurweite:** 600 mm.

Triebfahrzeuge: Die Schinznacher Baumschul-Bahn (SchBB) verfügt über sieben Dampflokomotiven und vier Dieselmaschinen. Die südafrikanische „Garrat" ist die grösste, je für 600 mm-Spur gebaute Dampflok der Welt. Mit ihrer seltsamen Gelenkbauart kann sie selbst auf Kurvenradien von 30 m verkehren.

Info: SchBB 056/463 62 00

Was es nicht alles gibt: Da dampft doch die stärkste Schmalspur-Dampflok der Schweiz, südafrikanischer Herkunft, auf einem wackeligen Gleis durch eine riesige Baumschule. Wir sind nicht irgendwo in Costa Rica, sondern bei Schinznach im Kanton Aargau. Die Kleinbahn-Gesellschaft mit nostalgischer Dampfromantik macht Furore: Es verkehren viele Züge nach Fahrplan, zwar nur Samstag und Sonntag, dafür regelmässig von April bis Oktober. Ungewöhnlich sind auch die Maschinen, die hier in der parkartigen Umgebung der Hermann Zulauf AG – einer Baumschule – zum Einsatz kommen. Zum Beispiel die „Sequoia": Einst in Polen, später in Schweden, jetzt in Schinznach. Oder die Garratt G 2x3/5: Sie wurde in Hannover gebaut, nach Südafrika geliefert und kommt jetzt in der Schweiz zum Einsatz. Alle Maschinen mussten von den Mitgliedern der SchBB aber zunächst in unzähligen Freizeitstunden Instand gestellt werden.

Foto: Ronald Gohl

Die Tallok G 3/4 Nr. 208 trifft im Bahnhof von Oberried am Brienzer See ein.

Seen, Dampf und Zahnstangen

Ballenberg-Dampfbahn

Familienausflüge und Schulreisen führen ins Freilichtmuseum Ballenberg, das auf einer Anhöhe zwischen Hofstetten und Brienzwiler im östlichsten Zipfel des Berner Oberlandes liegt. Eisenbahnfreunde aufgepasst: Es gibt auch eine Ballenberg-Dampfbahn – sie fährt zwar nicht direkt ins Freilichtmuseum, aber immerhin daran vorbei, von Interlaken über Meiringen nach Giswil. Ziel des 1981 gegründeten Vereins Ballenberg-Dampfbahn (BDB) war eigentlich, eine neue etwa sechs Kilometer lange Strecke von Brienz bis ins Freilichtmuseum zu bauen. Eine einleuchtende und touristisch attraktive Idee, die aber an den Kosten (25 Millionen Franken) scheiterte. Seit 1994 werden deshalb fahrplanmässige Fahrten von Interlaken nach Giswil und zurück angeboten. Dabei macht die Berglok HG 3/3 (ex Brünigbahn) auf der 120 Promille steilen Zahnradstrecke kräftig Dampf. Von dieser Maschine sind übrigens noch drei Exemplare vorhanden: Neben der betriebsfähigen BDB-Lok steht ein Demonstrationsobjekt im Verkehrshaus und eine Denkmallok in Meiringen.

INFO

Anreise: Interlaken Ost erreicht man von Basel, Zürich und Bern aus mit dem IC und EC. **Fahrplanfeld:** ohne Eintrag im Kursbuch. **Streckenlänge:** 45 km pro Weg. **Fahrzeit:** 3-4 h für die Hin- und Rückfahrt. **Reservationen:** nur für Gruppen. **Verkehrszeiten:** an etwa fünf Sonntagen im Jahr. **Besonderes:** In Meiringen wird die Lok gewechselt (Zahnrad gegen Adhäsion). **Spurweite:** 1000 mm.

Triebfahrzeuge: Berglok HG 3/3 Nr. 1067 und Tallok G 3/4 Nr. 208 (beide ex SBB-Brünig).

Info: Tourismusbüro Brienz 033/952 80 80

FOTO: VALLY GOHL

Auch hier dampft noch eine HG 3/4 – nämlich die Nr. 3 der Furka-Oberalp-Bahn.

Die erste Museumsbahn der Schweiz

Chemin de fer musée Blonay–Chamby

INFO

Anreise: Blonay erreicht man von Bern über Lausanne und Vevey. Ab Vevey fährt eine Schmalspurbahn (CEV). **Fahrplanfeld:** 105. **Streckenlänge:** 2,95 km pro Weg. **Fahrzeit:** 20 min bis Chamby. **Reservationen:** nur für Gruppen. **Verkehrszeiten:** von Ende Mai bis Mitte Oktober, jeweils an Wochenenden und Feiertagen. **Besonderes:** Jeweils über Pfingsten findet eine grosse Fahrzeugparade statt. **Spurweite:** 1000 mm.

Triebfahrzeuge: Interessante Fahrzeuge sind die grosse Dampflok G 2x3/3 Nr. 104, die FO-Lok HG 3/4 Nr. 3, die kuriose spanische Dampflok G 3/5 Nr. 23, die Elektroveteranen Ge 4/4 Nr. 181 der RhB oder die krokodilähnliche Lok Ge 4/4 Nr. 75.

Info: BC 021/943 21 21

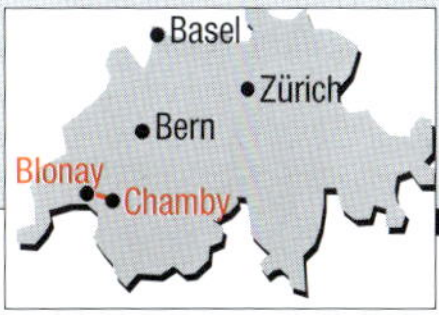

1968 taten sich einige Enthusiasten zusammen und gründeten auf der eben stillgelegten Linie Blonay–Chamby die erste Museumsbahn der Schweiz. Inzwischen hat die Chemin de fer électriques veveysans (CEV) den Regionalverkehr dort wieder aufgenommen – die Dampflokomotiven und Elektroveteranen verkehren natürlich auch weiter. Dem Verein ist es schliesslich zu verdanken, dass die sehenswerte Strecke nicht preisgegeben wurde. Der Verein verfügt über elf Dampflokomotiven, welche nicht alle zum Einsatz kommen. Einige stehen im Museum, das man nur mit der Bahn erreicht. Aber zwischen Blonay und Chamby hoch über dem Genfer See dampft es nicht nur. Elektroveteranen rumpeln genauso über die rund drei Kilometer lange Strecke wie historisch wertvolle Tramwagen aus der ganzen Schweiz. Das Trassee besitzt alle Merkmale einer Gebirgslinie, wie Dämme, Einschnitte, Viadukt und Tunnel. Bezaubernd ist die Aussicht auf den See.

FOTO: DANIEL ZUMBÜHL

Ideal für Vereinsreisen und Hochzeiten: Dampf und Fotohalte kein Problem!

Zwei Dampf- und Diesellokomotiven

Sursee–Triengen-Bahn

Regionallinien einzustellen, ist keine Erfindung der Neunzigerjahre. Bereits im September 1971 wurde trotz Unmut und Protest der Bevölkerung die Sursee–Triengen-Bahn (ST) auf Busbetrieb umgestellt. Die kleine Privatbahn hat dennoch bis heute „überlebt". Mit ihren zwei Diesellokomotiven führt sie Gütertransporte durch. Zwei Dampflokomotiven und sechs historische Wagen vom Typ B2 und B3 stehen für Sonderfahrten zur Verfügung.

Sursee ist übrigens eine kleine Stadt am nördlichen Ende des Sempachersee. Das Trassee der ST führt der Suhre entlang durch ein von der Landwirtschaft geprägtes Tal. Geuensee und Büron heissen die Dörfer, an welchen die Dampf- und Dieselzüge vorbeirattern. Ursprünglich war eine Verbindung über Schöftland mit Aarau erwogen worden. Dies scheiterte dann jedoch wie so oft an den Finanzen. In den Sechzigerjahren versuchte die Sursee–Triengen-Bahn den Personenverkehr mit deutschen Schienenbussen wirtschaftlicher zu gestalten. Auch dies war nicht von grossem Erfolg beschieden.

INFO

Anreise: Sursee liegt an der Schnellzugstrecke Olten–Luzern. InterCity fahren vorbei, Schnellzüge halten. **Fahrplanfeld:** ohne Eintrag im Kursbuch. **Streckenlänge:** 8,9 km pro Weg. **Fahrzeit:** ca. 20 min bis Triengen. **Reservationen:** obligatorisch, Zug fährt nur auf Bestellung. **Verkehrszeiten:** das ganze Jahr. **Besonderes:** Fotohalte und Verpflegung im Zug. **Spurweite:** 1435 mm.

Triebfahrzeuge: E 3/3 Nr. 5 und 8522, Em 2/2 Nr. 1 und 2, Dm 1/2 (selbstgebaute Draisine).

Info: ST 051/227 22 10

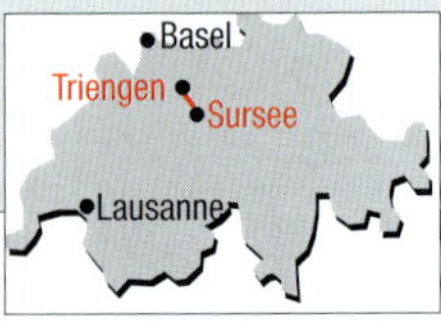

Foto: Theo Stolz

Schmalspurlok Gem 4/4 Nr. 122 mit Baujahr 1916 in den Franches Montagnes.

Mit Volldampf in die Freiberge

La Traction SA

Die jurassische Dampfbahn, eine 1991 gegründete Aktiengesellschaft mit Sitz in Delémont, kann 1998 auf ein interessantes Jahr zurückblicken. 30-mal fuhren die Züge. Depot und Werkstätte befindet sich in Pré-Petitjean. Die Renovationsarbeiten an der ehemaligen portugiesischen Dampflok G 2x2/2 Nr. 164 laufen im deutschen Dampflokwerk Meiningen auf Hochtouren. Sie wird am 17. und 18. September 1999 feierlich eingeweiht. Die Eröffnungsfahrt bleibt allerdings den Aktionären von La Traction SA vorbehalten. Öffentliche Dampffahrten finden jedes Jahr an etwa fünf Wochenenden statt.

Die Firma Von Roll in Choindez hat der Gesellschaft die beiden Normalspur-Dampflokomotiven E 2/2 Nr. 9 und E 3/3 Nr. 12 vermacht. Diese Maschinen sind jetzt in der „Rotonde" von Delémont stationiert. La Traction hofft, dass schon bald auch Dampfzüge auf dem SBB-Netz angeboten werden können – dies ist jedoch nicht einfach, denn die Bundesbahnen haben sich in der Vergangenheit schon oft als „Bremsklotz" in Sachen Dampfaktivitäten erwiesen.

INFO

Anreise: Die Dampfzüge fahren meist in Saignelégier ab. Diesen Ort erreicht man via Delémont und Glovelier (umsteigen in die CJ). **Fahrplanfeld:** ohne Eintrag im Kursbuch. **Streckenlänge:** auf dem Schmalspurnetz der CJ (79 km). **Fahrzeit:** je nach Ziel verschieben. **Reservationen:** fakultativ. **Verkehrszeiten:** an 5-6 Wochenenden pro Jahr. **Besonderes:** Dampf-Tageskarten. **Spurweite:** 1000 mm.

Triebfahrzeuge: Ge 4/4 Nr. 4004, Gem 4/4 Nr. 122, G 2x2/2 Nr. 164, G 2/3+3/3 Nr. 206.

Info: La Traction SA 032/422 15 45

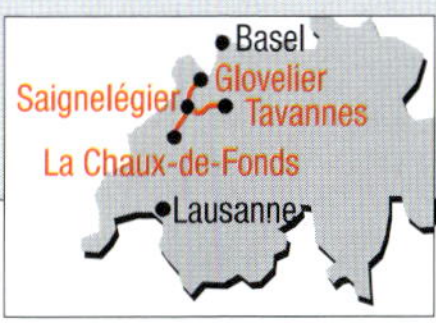

FOTO: VALLY GOHL

In Bouveret steht das „Tigerli“ E 3/3 für die Reise nach Frankreich bereit.

Mit Dampf und Diesel am Genfer See

Ligne du Tonkin

Le Bouveret, ein kleines Dorf auf der Südseite des Genfer Sees, ist aus verschiedenen Gründen eine Reise wert.

INFO

Anreise: Le Bouveret erreicht man via Lausanne und St-Maurice (umsteigen). Der Regionalzug fährt bis an die französische Grenze bei St-Gingolph. **Fahrplanfeld:** ohne Eintrag im Kursbuch. **Streckenlänge:** 21 km pro Weg. **Fahrzeit:** ca. 60 min bis Evian (F). **Reservationen:** für Gruppen obligatorisch. **Verkehrszeiten:** von Anfang Juni bis Mitte September am Dienstag, Freitag und Sonntag. **Besonderes:** Ausweispapiere mitnehmen. **Spurweite:** 1435 mm.

Triebfahrzeuge: eine Dampf- und Diesellok

Info: Gare Le Bouveret 024/481 28 15

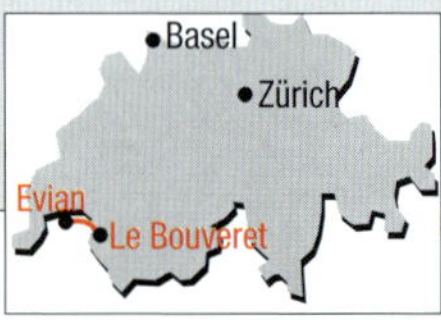

Hier gibt es einmal den Swiss Vapeur Parc. Das „Life-steam“-Paradies liegt in landschaftlich reizvoller Umgebung direkt hinter dem Yachthafen von Le Bouveret. Rund 1500 m Schienen führen durch einen 13 000 m^2 grossen Park – ein Swiss Miniatur der Westschweiz. Mit den Zügen, die auf 5- und $7^1/_4$-Zoll breiten Schienen fahren, gehts rund um das Modellbahngelände.
Gleich daneben startet am Bahnhof die Museumsbahn nach Frankreich. Die Strecke ist immerhin 21 km lang und nennt sich „Ligne du Tonkin“. Vor allem die Franzosen haben viel Initiative entwickelt, um die einst stillgelegte Strecke wieder in Betrieb zu nehmen. Neben dem Schweizer Dampfzug namens „Rive Bleu Express“ – er wird von einer E 3/3 „Tigerli“ gezogen – gibts auch einen Dieselzug. Er besteht aus einer französischen Lok und zwei umgebauten Mitteleinstiegswagen der SBB. Ziel der etwa einstündigen Fahrt entlang dem malerischen Genfer See ist Evian.

FOTO: URS GERBER

Nicht sehr oft kommt die Ed 3/3 Nr. 3 nach Zweisimmen im Simmental.

Arbeitslose revidieren Dampflok

Verein Dampfbahn Bern

INFO

Anreise: Der Einsatz der DBB-Züge erfolgt ab den Depots Laupen, Burgdorf und Spiez. **Fahrplanfeld:** ohne Eintrag im Kursbuch. **Strecke:** auf dem gesamten BLS-, RM- und STB-Netz. **Fahrzeit:** nach Vereinbarung. **Reservationen:** obligatorisch. **Verkehrszeiten:** Dampffahrten im Auftrag der BLS, RM und STB. **Besonderes:** Zu den Personenwagen gehört auch der ehemalige Beiwagen des Roten Pfeils vom Typ ABDi Nr. 282. **Spurweite:** 1435 mm.

Triebfahrzeuge: Der Verein verfügt über acht Dampflokomotiven, zwei davon sind noch in Revision, eine ist in St-Sulpice stationiert. Es handelt sich dabei um drei E 3/3, eine Ed 3/3, eine Ed 3/4, eine Ed 4/5, eine Ec 4/5 und eine Eb 3/5.

Info: Urs Gerber (DBB) 033/336 35 01

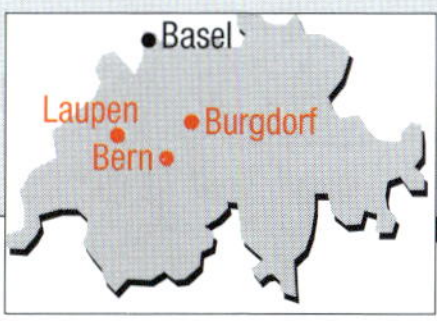

Der Verein Dampfbahn Bern besteht seit 1970. Anlass zur Vereinsgründung war die Revision der Dampflok E 3/3 Nr. 1 „Lise“ des Gaswerks Bern durch die Lehrlinge der Firma WIFAG. Heute verfügt der Verein über acht Dampflokomotiven, sechs davon sind betriebsfähig. Die Maschinen sind in den Depots Laupen (STB), Burgdorf (RM) und Spiez (BLS) stationiert. Die im Juli 1998 vom „Sockel“ in Schwarzenburg geholte Denkmallokomotive Ed 3/4 wird in der Werkstätte des Regionalverkehrs Mittelland (RM) aufgearbeitet. Bereits zwei Tage nach dem Eintreffen begann man mit der Demontage der Lok. Die Fronarbeiter des Vereins werden dabei von Stellenlosen unterstützt, die im Rahmen des Projekts „Futura Emmental“ Hand anlegen. Es wird mit einem finanziellen Aufwand von 80 000 Franken und einer Arbeitszeit von 4-5 Jahren gerechnet. Nach der Inbetriebnahme soll die neue Lok vermutlich im Depot Laupen beheimatet sein.

Foto: Urs Hudritsch

Ein gewaltiges Erlebnis ist die Begegnung mit der 241 A 65.

Grossdampfloks im Einsatz

TransContinental Dampf-Reisen

INFO

Anreise: TCo-Sonderzüge kommen häufig auf dem Netz der BLS zum Einsatz. **Fahrplanfeld:** ohne Eintrag im Kursbuch. **Strecke:** je nach Fahrziel verschieden. **Fahrzeit:** je nach Fahrziel unterschiedlich. **Reservationen:** von Vorteil. **Verkehrszeiten:** unregelmässige Fahrtage, Informationen bei TCo. **Besonderes:** Die 241 A 65 hat auch eine deutsche und französische Zulassung mit den entsprechenden Sicherheitseinrichtungen. **Spurweite:** 1435 mm.

Triebfahrzeuge: Vom Transcontinental Museums Club (TCM), Partner des TCo, werden zur Zeit sechs Grossdampflokomotiven verwaltet: die 241 A 65, 241 P 30, 231 K 22, BR 44 1614, BR 01 202 und 01.22

Info: TCo 031/310 58 57

In den Jahren 1995-1997 beschränkten sich die Betriebserfahrungen der Trans-Continental Dampf-Reisen AG (TCo) mit Sitz in Bern auf Fahrten mit der Dampflok 01 202 des Vereins *Pacific 01 202*. Diese auf dem Netz der BLS durchgeführten Sonderfahrten waren auf der einen Seite in betrieblich-technischer Hinsicht erfreulicherweise durchwegs problemlos. Auf der anderen Seite ergaben sich eine Reihe wertvoller Erfahrungen bei der Organisation und dem Marketing. In der Folge konnten Fahrten mit der frisch revidierten französischen Grossdampflok 241 A 65 in Zusammenarbeit mit der Eurovapor Basel-Haltingen weit erfolgsversprechender als bisher durchgeführt werden. Ausschlaggebender Faktor ist der Status der 241 A 65. Ungleich jeder anderen Grossdampflok in der Schweiz, welche, um verkehren zu dürfen, seit jeher auf den Goodwill der Bahngesellschaften, angewiesen ist, kommt die 241 A 65 sogar international zum Einsatz.

FOTO: FOTO-SERVICE SBB

Dampfstimmung „total" bei den Enthusiasten des Vapeur Val-de-Travers.

Respektables Werkstattdepot in St-Sulpice

Vapeur Val-de-Travers

Durch das Val-de-Travers im Kanton Neuenburg braust nicht nur der TGV auf seiner Fahrt von Zürich nach Paris.

INFO

Anreise: St-Sulpice erreicht man von Zürich, Bern und Basel via Neuchâtel. Von dort aus weiter mit dem RVT- oder SBB-Regionalzug über Travers und Fleurier. **Fahrplanfeld:** ohne Eintrag im Kursbuch. **Streckenlänge:** 14 km (Netz RVT). **Fahrzeit:** je nach Anlass und Fahrt unterschiedlich. **Reservationen:** nur für Gruppen. **Verkehrszeiten:** an sieben Wochenenden im Jahr. **Besonderes:** Kinder und Jugendliche bis 16 Jahre gratis. **Spurweite:** 1435 mm.

Triebfahrzeuge: SLASK 040 (polnische Tenderlok), E 2/2 und E 3/3 „Tigerli".

Info: VVT 032/861 41 43

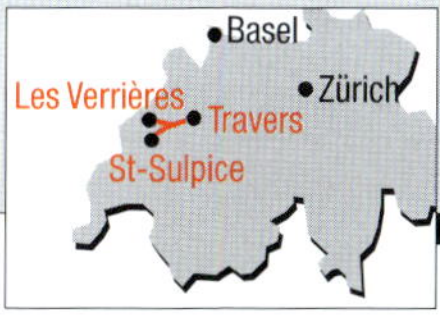

Während die internationalen Schnellzüge das Trassee hoch über den Dörfern benützen, fährt die Regionalbahn RVT im Talboden. Dritter im Bunde ist die Museumsbahn Vapeur Val-de-Travers (VVT), deren Werkstätte und Depot sich in St-Sulpice befinden. Hier stehen interessante Dampflokomotiven und andere Exoten, zum Beispiel der recht modern wirkende italienische thermische Doppelstocktriebwagen von Typ A2-001. Weiter verfügt der Verein über eine Drehscheibe mit zwölf Metern Durchmesser, zwei mechanische Formsignale, einen Wasserturm und eine Bekohlungsanlage. Die Sonderfahrten mit dem historischen Rollmaterial finden meist zwischen St-Sulpice, Travers und Les Verrières statt. Die früher in St-Sulpice stationierten Grossdampfloks haben inzwischen eine neue Heimat gefunden. Für die steigungsreichen Strecken (bis zu 17 ‰) wurde in Form einer polnischen Tenderlok ein angemessener Ersatz gefunden. Sie steht seit 1996 im Einsatz.

Foto: Dietmar Beckmann

33 Triebfahrzeuge und 315 Wagen ziehen ihre Bahn auf zwei Kilometer Gleis in Melide.

Kleine Schweiz ganz klein

Swiss Miniatur

Palmen, subtropische Blumen, dunkelgrüne Kastanienwälder und ein tiefblauer See vermitteln südländische Ferienstimmung. Wir sind im Tessin, genauer gesagt auf dem Damm von Melide, wo seit 1959 das Swiss Miniatur steht. Im Süden und Norden der Luganer See, auch Cerésio genannt, umgeben von der kleinen Schweiz – diesmal noch kleiner als sonst. Im Swiss Miniatur findet man die wichtigsten Attraktionen des Landes in einem überblickbaren Freizeitpark vereint. Hier steht das Matterhorn neben der Luzerner Kapellbrücke, der Titlis samt Seilbahn neben dem Flughafen Kloten; aber auch Schlösser, Burgen, ja sogar das Bundeshaus – alles 25-mal kleiner als in Wirklichkeit. Natürlich darf die Eisenbahn nicht fehlen, auch sie symbolisiert die Schweiz. So treffen wir auf die schönsten Privatbahnstrecken, auf Gotthardloks und längst vergessene TEE-Züge. Die Strecken sind nicht akribisch genau nachgebildet, der Gesamteindruck ist dennoch schön und in jedem Fall eine Reise in den sonnigen Süden wert. Und gleich hinter dem Swiss Miniatur fährt ja noch das Vorbild vorbei.

INFO

Anreise: Mit dem InterCity über den Gotthard nach Lugano, von dort fährt der Regionalzug bis Melide. **Streckenlänge:** zwei Kilometer Modellbahngleise. **Massstab:** 1:25. **Reservationen:** nicht möglich. **Öffnungszeiten:** von Anfang April bis Ende Oktober. **Besonderes:** faszinierende Beleuchtung der Anlage am Abend (nur Juli/August). **Spurweite:** 1000 mm.

Triebfahrzeuge: 33 Lokomotiven und Triebwagen, darunter auch drei Re 460 (Lok 2000).

Info: Swiss Miniatur 091/640 10 60

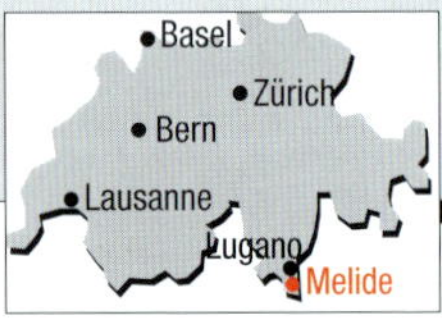

Foto: Ronald Gohl

Vor dem Bahnhof kreuzt ein Tram 2000 (Linie 3) einen „Mirage"-Motorwagen.

„Blinde Kühe" auf der Züri-Linie

Verkehrsbetriebe Zürich (VBZ)

INFO

Anreise: Zürich ist Bahnknoten Nr. 1 der Schweiz und wird aus allen Himmelsrichtungen erreicht. **Fahrplanfeld:** nicht im Kursbuch, die VBZ hat einen separaten Fahrplan **Streckennetz:** 68,1 km pro Weg. **Fahrzeit:** je nach Wahl der Linie unterschiedlich. **Reservationen:** nicht möglich. **Verkehrszeiten:** das ganze Jahr. **Besonderes:** Partytram, wird für Gesellschaftsfahrten eingesetzt. **Spurweite:** 1000 mm.

Triebfahrzeuge: Am häufigsten sieht man das Tram 2000 Be 4/6 (Baujahr 1977), gefolgt von den „Mirage"-Trams Be 4/5 Nr. 1601-1690 (Baujahr 1966). Auch ältere Motorwagen aus den Jahren 1949-60 können auf einigen Linien noch gesehen werden.

Info: VBZ 01/434 46 68

Die Geschichte der Züri-Linie nahm im Jahr 1893 ihren Anfang, als die Elektrische Strassenbahn Zürich (ESB) gegründet wurde. Von Anfang an kamen elektrische Meterspur-Tramwagen zum Einsatz. Bereits zwei Jahre nach Betriebseröffnung übernahm die Stadt das Unternehmen, das in Städtische Strassenbahn Zürich (StStZ) umgetauft wurde. Die Umbenennung in die heutige VBZ (Verkehrsbetriebe der Stadt Zürich) erfolgte 1954. Weil mehrere U-Bahn-Projekte scheiterten, setzte die Stadt auch weiter auf ihr Tram. Am günstigsten erkundet man das 68 km lange Netz der VBZ mit einer Tageskarte, die an jedem Automaten oder an den Verkaufsschaltern im Hauptbahnhof erworben werden kann. Der Fahrzeugpark der Züri-Linie ist besonders typenreich. Viele Trams verkehren in Doppeltraktion, einige zusammengekoppelte Triebwagen sind ohne Führerstand und werden deshalb als „blinde Kühe" bezeichnet.

FOTO: RONALD GOHL

Motorwagen Be 4/6 Nr. 626 „Düwag" beim Bahnhof SBB.

„Dante Schuggi" und „Guggumere"

Basler Verkehrsbetriebe (BVB)

„Guggumere" heisst auf Baseldeutsch so viel wie Gurke – und damit meint man ganz unrespektierlich die neuen bei Schindler gebauten Gelenktriebwagen des Typs Be 4/6 Nr. 659-686. Unter „Dante Schuggi" versteht der Insider den einzigartigen Tram-Motorwagen Ce 4/4 Nr. 450 aus dem Jahre 1915. Er war wohl das erste Fahrzeug mit Niederflureinstieg. Die „Dante Schuggi" fährt heute als Speisewagen bei Sonderfahrten.

Basel ist die wichtigste Tram-Stadt der Schweiz, denn hier zirkulieren die Fahrzeuge von gleich zwei Strassenbahngesellschaften – die grünen Motorwagen der Basler Verkehrsbetriebe (BVB) und die gelben Trams der Baselland Transport (BLT). Natürlich fährt man im Tarifverbund, übrigens bis über die Landesgrenzen hinaus. Mit dem gelben Tramzug der Linie 11 gehts von Aesch im Baselbiet bis zur französischen Grenze in St. Louis. Mit der grünen 6er-Linie der BVB fährt man von Allschwil bis zur deutschen Grenze in Riehen. Und der gelbe 10er fährt sogar durch Frankreich und wieder zurück in die Schweiz.

INFO

Anreise: Basel erreicht man von Zürich aus in einer Stunde, von Bern aus dauert die Reise etwas länger. **Fahrplanfeld:** nicht im Kursbuch, die BVB hat einen separaten Fahrplan. **Streckennetz:** 63,2 km. **Fahrzeit:** variabel je nach Linie. **Reservationen:** fakultativ. **Verkehrszeiten:** das ganze Jahr. **Besonderes:** zwei Tram-Unternehmen. **Spurweite:** 1000 mm.

Triebfahrzeuge: viele verschiedene Motorwagen, teilweise noch Vierachser aus den Fünfzigerjahren, aber auch deutsche Gelenktriebwagen der Marke „Düwag" (Be 4/6 Nr. 603-658)

Info: BVB 061/267 81 81

FOTO: SVB

Die Städtischen Verkehrsbetriebe Bern verfügen über zwölf Niederflur-Be 8/8.

Dichter Verkehr mit Achtachsern

Städtische Verkehrsbetriebe Bern (SVB)

INFO

Anreise: Bern ist InterCity-Drehscheibe. Selbst TGV, ICE und Cisalpino sieht man hier regelmässig **Fahrplanfeld:** nicht im Kursbuch, die SVB hat einen separaten Fahrplan. **Streckennetz:** 13,9 km. **Fahrzeit:** variabel, je nach Linie. **Reservationen:** nicht möglich. **Verkehrszeiten:** das ganze Jahr. **Besonderes:** Zwischen Zytglogge und Bahnhof begegnet man den meisten Trams. **Spurweite:** 1000 mm.

Triebfahrzeuge: 16 Gelenktriebwagen Be 8/8 Nr. 711-726, zwölf Be 8/8 Nr. 731-742, zehn Be 4/4 Nr. 621-630 (Baujahr 1960/61), zwei Be 4/4 Nr. 605 und 607 von 1947. Ferner Ce 2/2 Nr. 37, Ce 4/4 Nr. 145 „Märlitram", Be 4/4 Nr. 171 (Behindertentram) und Ce 4/4 Nr. 647 (Speisewagen).

Info: SVB 031/321 88 88

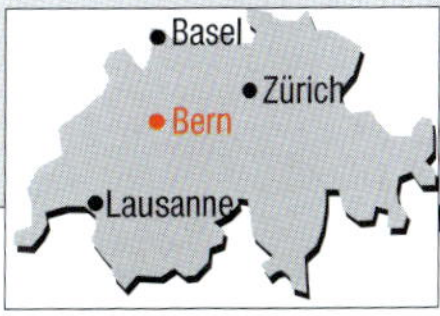

Bern hat als Hauptstadt der Schweiz nicht gerade europäischen Grossstadtcharakter. Umso bemerkenswerter ist das dichte Verkehrsaufkommen der Berner Trams. Fast pausenlos fahren sie durch die Altstadt und kurven dabei in engen Bögen an Stadttoren und anderen Sehenswürdigkeiten vorbei. Zum Einsatz kommen fast ausschliesslich achtachsige Gelenktriebwagen aus zwei Generationen (Baujahre 1973 und 1989), wobei die neuere Variante Niederflureinstiege aufweist. Die meisten Linien treffen beim Hauptbahnhof zusammen. Neben modernstem Rollmaterial verfügen die SVB auch noch über eine stattliche Anzahl historisch wertvoller Motorwagen. Diese werden als Märlitram oder zu allerlei anderen Anlässen eingesetzt. Nicht unerwähnt bleiben dürfen in diesem Zusammenhang die Aktivitäten des Tramvereins Bern (Postfach 8445, CH-3001 Bern). Sie setzen sich für die langfristige Erhaltung der Oldtimer ein.

FOTO: VALLY GOHL

Motorwagen Be 4/4 Nr. 504 der Linie 5 Neuchâtel–Boudry.

Tram oder Vorortsbahn?

Transports Publics Neuchâtelois (TN)

Strassenbahn-Freaks sind sich nicht ganz einig, ob es sich bei der Linie 5 der Transports Publics Neuchâtel (TN) um ein Tram oder eine Vorortsbahn handelt. In unserem Reiseführer lassen wir die sechs Triebfahrzeuge und sechs Steuerwagen als Trambahn gelten.

Die Strassenbahnen von Neuchâtel wurden in den Siebzigerjahren demontiert und aufgegeben, überlebt hat einzig die Linie 5. Einst besass die Stadt jedoch ein zu ihrer Grösse gut ausgebautes Netz. Drei historische Fahrzeuge sind bis heute erhalten geblieben. Sie werden vom Museumsverein ANAT (Association Neuchâteloise des Amis du Tramway) betreut und können auf der Linie 5 für Sonderfahrten eingesetzt werden.

15 Minuten dauert die Fahrt vom Place Pury am Ufer des Neuenburger Sees bis Boudry, einem kleinen Vorort. Zwischen den beiden Endstationen werden neun Stationen bedient. Die heutigen Tramzüge vom Typ „Littorail“ stehen seit 1981 im Einsatz und haben den veralteten Fahrzeugpark vollständig abgelöst. Damit ist auch langfristig der Weiterbestand der Neuenburger Strassenbahn gesichert.

INFO

Anreise: Nach Neuchâtel fahren die S-Bahn Bern sowie Schnellzüge von Biel und Lausanne. **Fahrplanfeld:** 213. **Streckenlänge:** 8,9 km pro Weg. **Fahrzeit:** 15 min bis Boudry. **Reservationen:** nicht möglich. **Verkehrszeiten:** das ganze Jahr, während der Spitzensaison alle 20 Minuten. **Besonderes:** nur eine Wagenklasse, Billette am Automaten lösen. **Spurweite:** 1000 mm.

Triebfahrzeuge: sechs Be 4/4 Nr. 501-506, Be 2/2 Nr. 73, Be 2/4 Nr. 45 und Be 4/4 Nr. 83.

Info: TN 032/720 06 00

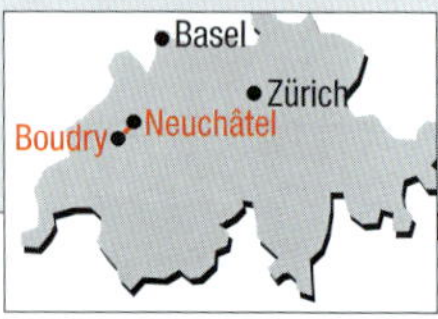

FOTO: VALLY GOHL

Be 4/6 Nr. 831 der neuen Tramlinie 13 am Place Cornavain in Genf.

Genf sieht die Zukunft mit Tram

Transports public genevois (TPG)

INFO

Anreise: Genf erreicht man mit dem IC von Zürich, Bern und von Basel aus. **Fahrplanfeld:** nicht im Kursbuch, die TPG hat einen separaten Fahrplan. **Streckennetz:** 11,8 km. **Fahrzeit:** variabel, je nach Linie. **Reservationen:** nicht möglich. **Verkehrszeiten:** das ganze Jahr. **Besonderes:** Restaurant-Tram, das vermutlich auch 1999 wieder während einer 110-minütigen Rundfahrt unterwegs ist. **Spurweite:** 1000 mm.

Triebfahrzeuge: 27 Be 4/6 Nr. 801-827 (Baujahre 1987-89), 19 Be 4/8 Nr. 831-849 (Baujahre 1995-1997) – das Restaurant-Tram hat die Nr. 849. Ferner werden drei ehemalige Motorwagen vom Genfer Museumsverein in betriebsfähigem Zustand gehalten.

Info: TPG 022/308 33 11

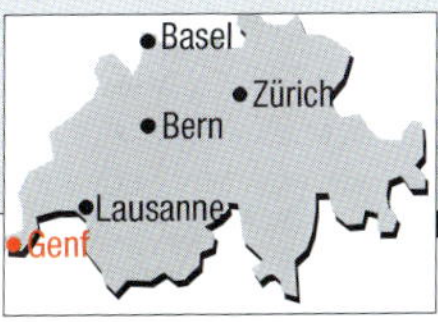

Auch Genf ist eine wichtige Schweizer Tram-Stadt. Im westlichsten Zipfel der Schweiz hat man sogar die Strassenbahn wieder entdeckt. In den Jahren 1956–1969 verschwanden insgesamt sieben Linien, die auf Bus oder Trolleybusbetrieb umgestellt wurden. Übrig blieb einzig die Linie 12, die von Bachet-de-Pesay über die Innenstadt an die französische Grenze bei Moillesulaz führt. Doch damit wollten sich die Genfer nicht zufrieden geben. Bei der allgemeinen Rückbesinnung auf den öffentlichen Verkehr wurde auch in der Diplomaten-Stadt das Tram neu „erfunden". Schliesslich baute man wieder Gleise in die Strassen und am 27. Mai 1995 konnte mit einer grossen Feier die neue Linie 13 in Betrieb genommen werden. Sie führt von Palettes über Carouge und Plainpalais nach Cornavin. Damit nicht genug. Der Fahrzeugbestand wurde komplett erneuert und seit 1996 gibt es auch die Linie 16 (Cornavin–Bel Air–Rive–Moillesulaz).

Foto: Verkehrshaus der Schweiz

Action-Show wie im Disneyland: Mit der Stollenbahn in den Gotthardtunnel.

Einmal selber Lokomotive fahren

Verkehrshaus der Schweiz

Welcher Bub, welches Mädchen, ja sogar welcher erwachsene Eisenbahnfan hat sich nicht schon einmal gewünscht, den „Steuerknüppel" in der Lok selbst in die Hand zu nehmen? Das ist jetzt möglich, und zwar am Simmulator im Verkehrshaus der Schweiz. Dort setzt man sich hinter das Steuerpult einer Lok 2000 und kann zwischen verschiedenen Strecken auswählen. Hinter der Frontscheibe läuft ein Film ab, dabei müssen Signale und Geschwindigkeitsbegrenzungen beachtet werden. Auch Anhalten und Beschleunigen ist möglich. Neben dem Simmulator bietet das Verkehrshaus in Luzern natürlich noch etliche andere Exponate zum Thema Eisenbahn – auch im Massstab 1:1. Wers spannend mag, begibt sich auf eine abenteuerliche, unterirdische Stollenfahrt durch den Gotthardtunnel. Dabei erlebt man den Bau dieses gigantischen Werkes. Wassereinbrüche und Explosionen gehören zur Show! Modelleisenbahner aufgepasst: im Verkehrshaus gibt es schöne Dioramen, Sammlungen und eine exakt nachgebildete Anlage der Gotthardbahn.

INFO

Anreise: Luzern erreicht man von Zürich über Zug, von Olten via Basel und von Bern über Wolhusen. Vom Bahnhof nimmt man den Bus Nr. 6 oder 8, der direkt beim Verkehrshaus hält. **Öffnungszeiten:** das ganze Jahr, im Winter leicht reduziert (nur von 10.00–17.00 Uhr). **Besonderes:** interessante, z.T. interaktive Eisenbahn-Ausstellung.

Triebfahrzeuge: viele Ausstellungsstücke, darunter das Krokodil, der Rote Pfeil, die erste Rigi-Zahnradbahn und vieles mehr.

Info: Verkehrshaus 041/370 44 44

FOTO: RONALD GOHL

Albula-Linie: Imposantes Bahnland mit 39 Tunnels und 55 Viadukten auf 16,2 km.

Das Labyrinth der Bahn

Bahnhistorischer Lehrpfad Preda–Bergün

INFO

Anreise: Nach Bergün fährt von Chur aus die Rhätische Bahn (Fahrtrichtung St. Moritz) **Fahrplanfeld:** 940. **Weglänge:** 8 km. **Marschzeit:** 2½ h. **Höhenunterschied:** 416 m bergab, dazwischen kurze Aufstiege. **Ideale Reisezeit:** Mai/Juni bis Oktober. **Verpflegung:** Gasthäuser in Preda und Bergün, unterwegs aus dem Rucksack. **Besonderes:** Im Winter wird die Albula-Passstrasse als Rodelbahn benützt. **Öffnungszeiten Dorfmuseum:** jeweils am Mittwoch- und Donnerstagabend, im Juli/August zusätzlich am Samstag von 16.30 bis 18.00 Uhr. **Spurweite:** 1000 mm

Triebfahrzeuge: Auf der Albulastrecke verkehren sowohl Güterzüge wie auch Bernina- und Glacier-Express.

Info: Tourismusbüro Bergün 081/407 14 04

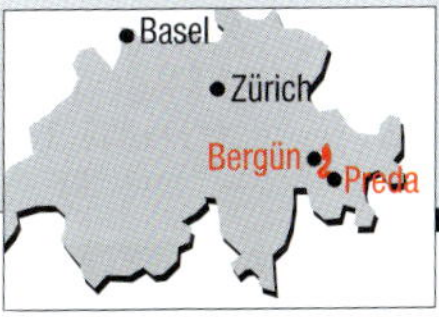

Bergün steht bei Eisenbahnfans im Zentrum des Interesses. Der kleine Familienferienort liegt an der Albula-Passstrasse im Kanton Graubünden. Hier gibt es im Dorfmuseum nicht nur eine 13 m lange Nachbildung der spektakulären Albula-Südrampe. Das Vorbild der Rhätischen Bahn kann gleich an Ort und Stelle bewundert werden. Ab Mitte Juli verkehrt an Wochenenden der neue „Railraider“ auf der wohl faszinierendsten Bahnstrecke der Alpen. Im offenen Wagen sausen die Gäste über schwindelerregende Viadukte und durch unheimliche Kehrtunnels. Die einfache Fahrt dauert rund 40 Minuten und ist auch für die Kleinsten das Grösste! In Preda auf 1788 m ü.M. angekommen gehts dann auf dem historisch interessanten Bahnlehrpfad nach Bergün hinunter. Schautafeln informieren über die Durchfahrt von Zügen, der acht Kilometer lange Weg wurde mit speziellen Schildern markiert. Sehen kann man fünf Spiraltunnels und fünf grössere Viadukte.

Auch Versuchszüge fahren auf der Lötschberg-Nordrampe, z.B . X12-Lok bei Rybrügg.

Auf und Ab über dem NEAT-Loch

Lötschberg-Nordrampe

INFO

Anreise: Nach Kandersteg fährt man von Bern aus mit dem InterCity (Fahrtrichtung Brig). **Fahrplanfeld:** 300. **Weglänge:** 8 km. **Marschzeit:** 3 h. **Höhenunterschied:** 316 m bergab, dazwischen kurze Aufstiege. **Ideale Reisezeit:** Mai bis Oktober. **Verpflegung:** Gasthäuser in Kandersteg und Kandergrund, unterwegs aus dem Rucksack. **Besonderes:** Von Kandergrund zurück nach Frutigen mit dem BLS-Regionalbus. **Spurweite:** 1435 mm

Triebfahrzeuge: Auf der Lötschberg-Nordrampe können verschiedene Züge und Lokomotiven beobachtet werden. Nebst den modernen Lok 2000 (rote SBB- oder blaue BLS-Maschinen) begegnet man auch dem Cisalpino und sehr oft auch Versuchszügen.

Info: Kandersteg Tourismus 033/675 80 80

Der 15. Juli 1913 war ein denkwürdiger Tag in der Geschichte der BLS Lötschbergbahn. Nach einer grossen Feier wurde die durchgehende Strecke Spiez–Kandersteg–Brig dem Betrieb übergeben. Von Anfang an kamen Elektroloks am Lötschberg zum Einsatz. Zwischen Frutigen und dem Lötschberg-Nordportal bei Kandersteg müssen die Züge 460 Höhenmeter überwinden. Hier kommen die stärksten Loks der Welt zum Einsatz, denn Anfahren auf 27 ‰ Trasseeneigung ist kein Pappenstil.
Seit 1993 gibt es den Bahn-Lehrpfad, der von Kandersteg über Blausee-Mitholz nach Kandergrund führt. Braune Wegweiser leiten zum und über den Erlebnis-Pfad. Unterwegs gibts über 40 Schautafeln mit Erläuterungen und grafischen Fahrplänen. Hier erfährt man etwas über Bogenbrücken, Naturstein-Gewölbeviadukte, Lehnviadukte, Zwergsignale, Energieversorgung und vieles mehr – eine Wanderung mit hoch interessantem „Background“.

FOTO: BLS-LÖTSCHBERGBAHN

Ein Bild mit historischem Wert: der Luogelkinviadukt ist heute doppelspurig.

Höhenweg mit Wasserleitung

Lötschberg-Südrampe

INFO

Anreise: Nach Hohtenn fährt man von Goppenstein (IC-Halt) mit dem Regionalzug. **Fahrplanfeld:** 300. **Weglänge:** 18 km. **Marschzeit:** 5 h 30 min bis Lalden. **Höhenunterschied:** 277 m bergab, dazwischen kurze Aufstiege. **Ideale Reisezeit:** April bis November. **Verpflegung:** Gasthäuser am Weg oder aus dem Rucksack. **Besonderes:** griffige Wanderschuhe anziehen, denn der Weg ist schmal und steil. **Spurweite:** 1435 mm

Triebfahrzeuge: Auf der Lötschberg-Südrampe können verschiedene Züge und Lokomotiven beobachtet werden. Nebst den modernen Lok 2000 (rote SBB- oder blaue BLS-Maschinen) begegnet man an Werktagen auch zahlreichen Güterzügen.

Info: Bahnstation Hohtenn 027/932 11 09

Auf der anderen, der südlichen Seite des Lötschbergs gibt es zwar keine Schautafeln, dennoch gilt der Höhenweg unter Eisenbahnfans als Geheimtyp. Der Weg verläuft immer wieder in der Nähe des Bahntrassees. Unzählige Fotostandorte bieten sich dem Fan, darunter faszinierende Ausblicke auf turmhohe Viadukte mit den Walliser Alpen im Hintergrund. Luogelkinviadukt, Baltschiederviadukt, Bietschtalviadukt heissen die spektakulärsten Bauwerke. 47 m hoch sind die Pfeiler des Luogelkinviaduktes unterhalb Hohtenn. Die Bietschtal-Stahlbrücke hat ein Gewicht von etwa 1000 Tonnen. Doch der Weg bietet auch landschaftliche und botanische Höhepunkte. Wer sich für Volkskunde interessiert, staunt über die verwegenen Anlagen von Wasserleitungen, von den Einheimischen „Bissen“ genannt. Und überall zeugen die typischen dunklen Walliserhäuser, welche meist auf grossen Schieferplatten ruhen, von der örtlichen Kultur der Bergbauern.

FOTO: RONALD GOHL

Romantische Bahnfahrt am blaugrünen Lago Bianco auf über 2200 m ü.M.

Ohne Zahnrad über die Baumgrenze

Bernina-Bahn

INFO

Anreise: Nach Bernina Ospizio fährt von Pontresina aus die RhB. Nach Pontresina gelangt man via Chur und Samedan. **Fahrplanfeld:** 950. **Weglänge:** 9 km. **Marschzeit:** 2 h. **Höhenunterschied:** 165 m bergab, gemütlicher und ziemlich ebener Weg. **Ideale Reisezeit:** Mitte Juni bis Oktober. **Verpflegung:** Gasthaus in Alp Grüm oder aus dem Rucksack. **Besonderes:** Sehr lohnend ist die Rückfahrt im offenen Aussichtswagen. **Spurweite:** 1000 mm

Triebfahrzeuge: Zwischen Pontresina und Poschiavo kommen RhB-Triebwagen vom Typ ABe 4/4 I, II und III zum Einsatz, meist in Doppeltraktion. Auch die beiden Zweikraftloks Gem 4/4 Nr. 801 und 802 sind zu sehen.

Info: Pontresina Tourismus 033/675 80 80

Bernina Ospizio heisst der Ausgangspunkt der nächsten Bahn-Wanderung. Sie führt auf über 2000 m Höhe dem leuchtend grünen Lago Bianco entlang, ständiger Begleiter ist die Bernina-Bahn – einst als reine Touristenlinie eröffnet, heute Teil der Rhätischen Bahn. Wälder gibt es zwischen Bernina Ospizio und Alp Grüm keine, denn wir befinden uns über der Baumgrenze. Einst gab es hier zwar stattliche Wälder. Frühe Umweltsünder haben aber alle abgeholzt. Das Holz wurde zur Verhüttung von Eisenerz im Mittelalter verwendet. Besonders eindrucksvoll ist es, bei Alp Grüm die Züge zu beobachten, wie sie sich in unzähligen Kehrschleifen ins Tal hinunter winden. Tief unten liegt die Station Cavaglia. Besondere Bremsen und starke Motoren sind nötig, um das Gefälle von bis zu 70 ‰ ohne Hilfe von Zahnrad zu überwinden. Während der rund zweistündigen Wanderung kommt man auch an Lawinenschutzgalerien vorbei, denn die Strecke ist seit 1913 im Winter in Betrieb.

Foto: DFB

Die Steffenbach-Brücke wird im Winter jeweils abgebaut und zusammengeklappt.

Von Vietnam zum Furkapass

Furka-Bergstrecke

INFO

Anreise: Nach Realp fährt von Andermatt aus die FO. Nach Andermatt gelangt man via Luzern und Göschenen. **Fahrplanfeld:** 615. **Weglänge:** 7 km . **Marschzeit:** 2 h. **Höhenunterschied:** 623 m bergab, bei Tiefenbach kurzer Aufstieg. **Ideale Reisezeit:** Mitte Juni bis Oktober. **Verpflegung:** aus dem Rucksack. **Besonderes:** An Sonntagen sind mehr Züge unterwegs, bis im Jahr 2000 soll die Strecke bis Gletsch VS erweitert werden. **Spurweite:** 1000 mm

Triebfahrzeuge: Zur Zeit kommen drei Dampfloks, eine HG 2/3 Nr. 6 „Weisshorn" und zwei HG 3/4 Nr. 1 „Furkahorn" und Nr. 2 „Gletschhorn" zum Einsatz. Zwei weitere HG 4/4 Nr. 11 und 12 warten auf Revision.

Info: Reisedienst DFB 027/973 33 73

Nach der Eröffnung des Furka-Basistunnels (Oberwald–Realp) im Jahr 1982 schien die Bergstrecke dem Untergang geweiht. Zahlreiche Bahnfans rauften sich zusammen und gründeten den Verein Furka-Bergstrecke. Als wichtiger Meilenstein bei der Dampfbahn ging das Jahr 1992 in die Geschichte ein, vom Sommer an verkehrten erstmals wieder Züge auf dem ehemaligen Trassee der Furka–Oberalp-Bahn (FO). Zum Einsatz kommen ausschliesslich Dampflokomotiven – eine ehemalige Maschine der BVZ-Zermattbahn und zwei Vietnam-Veteranen. Diese wurden von der FO in den Fünfzigerjahren nach Südostasien verkauft und 1990 von der DFB zurückgeholt. Zwei weitere „echte" Vietnamloks warten in der Schweiz auf eine Revision. Zwischen Furka und Realp verläuft parallel zum Bahngleis ein Wanderweg. Hier bieten sich dem Bahnfan interessante Einblicke in den Dampfalltag: z.B. Wasserfassen in der Kreuzungsstation Tiefenbach.